Felix J. Mohr/Juliane Abt

Theater muss wie Fußball sein!

24 Jahre Theater in Dinkelsbühl unter der Intendanz von Peter Cahn – Ein Rückblick.

Mit einem Vorwort von Oberbürgermeister Dr. Christoph Hammer

Mit Kommentartexten von Thomas Wirth, Klaus Seeger, Maike Frank, Elvira Freind, Jürg Schlachter, Margarit Ziellenbach, Andreas Harwath, Johannes Kaetzler und Hans von Draminski

Gefördert durch: Sparkasse Ansbach und VR Bank im südlichen Franken eG

Erste Auflage: Mai 2025

Für Peter Cahn, Intendant am Landestheater Dinkelsbühl.

Verlag: BoD · Books on Demand GmbH, Überseering 33,
22297 Hamburg, bod@bod.de
Druck: Libri Plureos GmbH, Friedensallee 273,
22763 Hamburg
ISBN: 978-3-8192-4744-6

Inhaltsverzeichnis

Vorwort des Oberbürgermeisters Dr. Christoph Hammer

Als Peter Cahn 2001 nach Dinkelsbühl gekommen ist, hieß unser Theater noch Städtetheater Franken-Schwaben. Wir hatten rund 15.000 Besucher und ein Abendstück. Im Winter wurde eine begrenzte Anzahl an Vorstellungen in der Schranne angeboten. Im Sommer spielte man, völlig wetterabhängig, unter freiem Himmel am Wehrgang. Unter den 24 Jahren der Intendanz von Peter Cahn wurde das Fränkisch-Schwäbische Städtetheater zum Landestheater erhoben. Wir haben 2005 die überdachte Freilichtbühne und 2008 eine eigene Spielstätte für den Winter mit Theatersaal, Kostümfundus, Hinterbühne, Garderoben und Verwaltungstrakt im Spital gebaut. Zusätzlich zu den Aufführungen der Winterspielzeit werden zu den Sommerfestspielen drei Abendproduktionen und ein Kinderstück auf der Freilichtbühne in Szene gesetzt. Für unsere älteren Zuschauer gibt es sowohl im Winter, als auch im Sommer an mehreren Nachmittagen Seniorenvorstellungen zu vergünstigten Preisen. Die Freilichtbühne fasst mehr als 300 Zuschauer, das Theaterhaus im Spitalhof bietet Platz für 180 Besucher. Beide Spielstätten sind barrierefrei zugänglich. Seit mehreren Jahren erreichen wir mit dem Landestheater eine Zuschauerzahl von über 50.000 – das ist mehr als das Dreifache der Besucher vor 2001.

Ein Erfolg, der einerseits mit den großen Investitionen in die Infrastruktur zu begründen ist, andererseits aber auch mit der großartigen Führung eines engagierten Intendanten: Peter Cahn ist nicht nur ein herausragender Intendant, sondern auch ein visionärer Theatermacher, der mit seiner unermüdlichen Leidenschaft und seinem tiefen Verständnis für die Kunst des Theaters unsere Stadt bereichert hat. Er hat es verstanden, das Landestheater Dinkelsbühl zu einem Ort zu machen, an dem Kunst, Kultur und Gemeinschaft miteinander verschmelzen.

In den Jahren seiner Leitung entwickelte er das Theater nicht nur künstlerisch weiter, sondern etablierte es auch als festen

Bestandteil unserer städtischen Kultur. Durch seine kreative Arbeit und seine innovative Programmauswahl setzte er immer wieder neue Impulse und machte das Landestheater zu einem Ort, an dem sich sowohl junge als auch alte Menschen gleichermaßen von der Magie des Theaters verzaubern lassen können.

Seine Inszenierungen sind viel mehr als nur Aufführungen; sie sind gesellschaftliche Erlebnisse, die zum Nachdenken anregen, die Herzen öffnen und neue Perspektiven bieten. Peter Cahn hat das Theater immer wieder als Spiegel der Gesellschaft genutzt, hat aber auch den Mut bewiesen, über den Tellerrand hinauszublicken und neue, unkonventionelle Wege zu gehen. Das Landestheater Dinkelsbühl unter seiner Leitung ist ein Theater, das neugierig macht, das zum Dialog anregt und das Menschen in ihrer Vielfalt verbindet.

Darüber hinaus hat Peter Cahn das Landestheater nicht nur auf der Bühne, sondern auch hinter den Kulissen zu einer Institution gemacht, die weit über Dinkelsbühl hinausstrahlt. Er machte das Theater zu einem Ort der Zusammenarbeit und des kreativen Austauschs, ein Ort, an dem Künstler und Kulturschaffende sich begegnen und gemeinsam etwas schaffen können, das die Menschen bewegt. Dies ist eine Leistung, die weit über den Bereich der Kunst hinausgeht und das kulturelle Leben unserer Stadt nachhaltig bereichert.

Es sind nicht nur die künstlerischen Erfolge, die Peter Cahn zu einem herausragenden Intendanten machen, sondern auch seine Fähigkeit, Menschen zu begeistern, zu motivieren und zu vereinen. Er ist ein leidenschaftlicher Förderer der Kultur und hat in jeder Phase seiner Arbeit ein großes Engagement für die lokale Gemeinschaft gezeigt. Er pflegte den Austausch mit den Bürgern und machte das Landestheater zu einem Ort, an dem Kultur nicht nur konsumiert, sondern auch gelebt wird. Peter Cahn fuhr während seiner Intendanz eine klare Linie: „Theater muss Anspruch haben – muss aber auch unterhalten“.

Lieber Peter, ich glaube, ich darf für viele sprechen, wenn ich sage, dass dir das voll und ganz gelungen ist! Was haben wir gelacht und gefeiert auf der Freilichtbühne am Wehrgang. Es war mir immer ein Fest, deine Stücke zu besuchen und mich von deinen Geschichten mitreißen zu lassen. Es waren immer Abende, an denen wir in eine andere Welt eintauchen konnten, die Sorgen des Alltags vergessen haben und das Hier und Jetzt genießen konnten. Oft sind wir danach mit vielen neuen Gedankenanstößen nachhause gegangen und konnten noch eine Zeit lang nicht loslassen von den Stunden, die wir soeben erlebt haben.

Nach so einer langen Zeit als Intendant kann ich mir vorstellen, dass es auch für dich nicht leicht sein wird loszulassen. Du hast das Landestheater Dinkelsbühl zu dem gemacht, was es heute ist. Und du kannst sehr stolz darauf sein. Auf deine gesamte Mannschaft. Deine Verwaltung, deine Schauspieler, dein Team hinter der Bühne und alle, die zu deiner großen Theaterfamilie gehören. Es ist nicht üblich, so lange als Intendant an einem Theater zu bleiben, doch du hast gezeigt, was dadurch entstehen kann: Ein Lebenswerk.

In anderen Theatern ändert sich die Intendanz oft unter dramatischen Umständen – bei uns war das nie der Fall. Über die Jahre hinweg haben wir beide ein Vertrauensverhältnis aufgebaut. Wir sind beide keine Dinkelsbühler gewesen. Ich glaube, beim Einstieg hat keiner von uns gedacht, dass wir einmal aus dieser Stadt nicht mehr wegkommen. Doch als wir angefangen haben, haben wir uns auf das eingelassen, was uns hier erwartet hat. Du hast deine Freunde hier am Landestheater gefunden, deine Familie. Deine Kinder sind hier aufgewachsen und du hast ein Haus in Dinkelsbühl gekauft. Die Stadt ist dein Zuhause geworden. Du, und nicht nur du, sondern auch alles, was du für das Landestheater Dinkelsbühl getan hast, ist hier nicht mehr wegzudenken.

Peter, du hast in den letzten Jahren nicht nur die kulturelle Landschaft unserer Stadt bereichert, sondern uns auch gezeigt, wie wertvoll und kraftvoll die Kunst für die Gesellschaft ist. Du hast uns inspiriert, uns weiterzuentwickeln, und hast mit deinem Wirken einen bleibenden Eindruck hinterlassen, der weit über die Mauern des Theaters hinausreicht.

Im Namen der Stadt Dinkelsbühl, im Namen der Bürgerinnen und Bürger, der Künstler und Kulturschaffenden danke ich dir von Herzen für dein Engagement und deine unermüdliche Arbeit. Du hast unser Theater zu einem Ort gemacht, der für uns alle ein Stück Heimat und eine Quelle der Inspiration geworden ist.

Peter, wir gratulieren dir zu deinem Erfolg, zu deiner außergewöhnlichen Leistung als Intendant und danken dir für all das, was du für das Landestheater Dinkelsbühl und für unsere Stadt geleistet hast. Möge dein Weg weiterhin von Erfolg und Kreativität geprägt sein!

Dein

Dr. Christoph Hammer

Oberbürgermeister

Kapitel 1: Von Anpfiff an - Die Geschichte des Theaters in Dinkelsbühl vor der Intendanz von Peter Cahn

„Sehn wir doch das Große aller Zeiten, auf den Brettern, die die Welt bedeuten."

Diese von Friedrich Schiller gewählte Formulierung in dem Gedicht „An die Freunde" wird seit 1952 am Theater in Dinkelsbühl gelebt. Seit fast 70 Jahren wird in Dinkelsbühl professionelles Theater gespielt.

Das Theater wurde 1953 von Erich Krempin als „Kleines Burgschauspiel" in Rothenburg ob der Tauber gegründet und zog 1956 nach Dinkelsbühl um. Als Eröffnungsvorstellung in der Aula der Christoph-von-Schmid-Schule in Dinkelsbühl wurde am 26. Oktober 1956 Lessings „Emilia Galotti" gegeben. Geprobt wurde im städtischen Musiksaal, der im Sommer bei schlechten Wetterbedingungen auch als Aufführungsort diente.

„Das Burgschauspiel ist tot. – Es lebe das Städtetheater" war die Überschrift eines großen FLZ–Artikels vom 20.12.1962. Ab 1962 betrieb ein Zweckverband der Städte Dinkelsbühl, Donauwörth und Bad Windsheim das nun Fränkisch-Schwäbische Städtetheater. Der Zweckverband sah vor, dass die einzelnen Städte sich verpflichteten, die Ziele und Zwecke des Theaters zu fördern und intensiv zu bewerben. Die Städte mussten auch die für die Aufführungen notwendigen Räume zur Verfügung stellen. Damit stand das Dinkelsbühler Theater auf festen Beinen.

Ab 1993 konnte das Theater allein von der Stadt Dinkelsbühl mit Unterstützung durch das Land Bayern, den Bezirk Mittelfranken und den Landkreis Ansbach bestehen.

Vor Peter Cahn gab es vier Intendanten am Theater in Dinkelsbühl:

Erich Krempin (Intendanz:1953-1959)

Krempin gründete 1953 das Kleine Burgschauspiel in Rothenburg ob der Tauber, welches auf Betreiben des damaligen Dinkelsbühler

Oberbürgermeister Rudolf Schmidt 1956 nach Dinkelsbühl umzog. Krempin wurde zum Initiator, Gründer, Kämpfer und Vater eines Theaters, welches in Dinkelsbühl seit nun fast 70 Jahren besteht.

Klaus Schlette (Intendanz: 1959-1970)

Klaus Schlette war 11 Jahre lang Intendant des Fränkisch-Schwäbischen Städtetheaters. Neben zahlreichen Regiearbeiten war er auch als Schauspieler auf der Bühne tätig. Und schon damals hatte das Fränkisch-Schwäbische Städtetheater eine hohe Akzeptanz in der Bevölkerung.

Man schreibt uns:

Volle Unterstützung dem Burgschauspiel

In der letzten Regionalsendung des Bayerischen Rundfunks „Vom Main zur Donau" wurde festgestellt, daß das Burgschauspiel Dinkelsbühl seine Pforten schließen müsse, wenn dem ebenso mutigen wie darstellerisch auf beachtlicher Höhe stehenden Theater keine Hilfe erwachse.

Man klagt so oft, daß Dinkelsbühl nur eine Durchgangsstation im Fremdenverkehr sei; man erklärt, für einen längeren Aufenthalt werde den Gästen zu wenig geboten. Nun, ein kultureller Faktor hohen Grades ist das Burgschauspiel, um das uns andere Städte beneiden. Angesichts der mißlichen Lage des hier heimischen Theaters fragt man sich: Hat man alles getan, um ihm das Dasein zu sichern? Ist Feuchtwangen nicht vitaler und beharrlicher gewesen, so daß den Kreuzgangspielen volle Häuser beschieden sind?

In einer gewissen Selbstüberheblichkeit wurde das Burgschauspiel da und dort als „provinziell" abgetan, noch dazu von Leuten, die es nie spielen sahen! Wer Gelegenheit hatte, den „Hamlet" heuer in München und in Dinkelsbühl zu sehen, der erst kann die bravouröse Leistung des Dinkelsbühler Ensembles voll würdigen. Der Idealismus dieser jungen Truppe, die vor keiner Schwierigkeit zurückschreckte, verdient vollste Unterstützung. Den „Hamlet" des Sommers 1961 sollte sich keiner entgehen lassen, gleichgültig ob er theaterfreudig ist oder nicht; denn wir empfanden die Aufführung noch eindrucksvoller, als die anerkennende Pressekritik erhoffen ließ.

Bevölkerung, Stadt, Behörden, Aemter, Vereine und Organisationen sollten mehr Anstrengungen machen, um das Burgschauspiel zu erhalten. Könnte man nicht, um ein Beispiel zu nennen, statt eines Vereinsabends eine Vorstellung des „Hamlet" besuchen? Wäre es vereinten Kräften nicht möglich, die Sitzgelegenheiten zu verbessern? Kann die Stadt nicht die Sackgasse vor dem Theatereingang während der Vorstellungen sperren oder zumindest ein Parkverbot erlassen, da der Altrathausplatz genügend Parkmöglichkeit bietet? Denn lärmempfindlich ist der sonst ideale Mauergarten!

Mit gutem Willen und ohne jemandem weh zu tun, ließe sich manches erreichen. Größere Anstrengungen von den verschiedensten Seiten, damit werbemäßig und organisatorisch die finanziellen Voraussetzungen für ein Fortbestehen der Bühne geschaffen werden!

H. S.

Jo, 29. 6. 61

Ein Zeitungsartikel vom 29.6.1961 belegt den Rückhalt des Theaters bei seinem Publikum.

Klaus Schlette war ein ehrgeiziger Intendant. „Was meine Pläne für Dinkelsbühl waren? So Theater zu machen, dass es neben den wohlhabenden und großkotzigen Häusern, was Qualität und Spaß anbelangt, bestehen kann. Und das ist mir bis zu einem gewissen Grad wohl gelungen: Wir haben dieselben Aufführungen, die im Künßberggarten liefen, auch in München gespielt und damit Erfolg gehabt und Kritiken bekommen, als hätten wir das Theater überhaupt erst entdeckt." (Klaus Schlette in einem Brief an Michaela Peters im Jahr 1982)

Klaus Troemer (Intendanz: 1970-1997)

Ganze 27 Jahre war Klaus Troemer Intendant des Fränkisch-Schwäbischen Städtetheaters in Dinkelsbühl und hat in dieser Zeit das Theater maßgeblich geprägt. 1970 kam Troemer zurück nach Dinkelsbühl. Unter Klaus Schlette war er schon zwei Jahre im Schauspielensemble engagiert gewesen, bevor es ihn in die große Theaterwelt zog. Somit wusste er um die Schwierigkeiten des Dinkelsbühler Theaters und sein oberstes Ziel war es, das Theater zu erhalten und weiter voranzubringen. Für sein künstlerisches Schaffen erhielt Klaus Troemer 1997 vom damaligen Bundespräsidenten Roman Herzog das Bundesverdienstkreuz am Bande.

Szenenfoto von „Der eingebildete Kranke" (Regie: Klaus Troemer), 1976.

Handgemalter Flyer für „Die Bremer Stadtmusikanten" von Heinrich Ludwig nach den Gebrüdern Grimm (Spielleitung: Ingrid Mirbach), 1985.

Helga Wahrlich und Klaus Troemer in der Inszenierung von „Der kleine Prinz" (Regie: Klaus Troemer), 1982/83.

Am 6. Juli 1995 ist Klaus Troemer 25 Jahre Intendant des Fränkisch-Schwäbischen Städtetheaters.

In seinem 1. Spielplan stellte er sich seinem Publikum mit folgendem Interview vor:

Klaus Troemer

K. T. fragt K. T.
oder ein Selbstinterview

.....? Natürlich bin ich gern Intendant am Fränkisch-Schwäbischen Städtetheater!
.....? Weil ich das Theater, und besonders dieses Theater, liebe!
.....? Weil ich selbst hier vor 11 Jahren als Anfänger viel gelernt habe!
.....? Weil ich hoffe, daß jetzt auch Anfänger von mir etwas lernen können.
.....? Weil ich gern inszeniere!
.....? Weil ich gern spiele!
.....? Weil mich jede Arbeit am Theater interessiert!
.....? Weil ich einen eigenen Spielplan entwerfen kann!
.....? Weil es beim Theater viele gute und wichtige Stücke gibt!
.....? Weil ich unterhalten möchte!
.....? Weil ich nicht nur unterhalten möchte!
.....? Weil es mir gefallen hat, wie die Jugend hier zu ihrem Theater steht!
.....? Natürlich bin ich gern Intendant am Fränkisch

Klaus Troemer macht ein Selbstinterview.

Christian Alexander Schnell (Intendanz: 1997-2001)

Schnell hat in den drei Jahren seiner Intendanz das Fränkisch-Schwäbische Theater wichtigen Veränderungen unterzogen. Unter seiner Leitung wurde erstmal ein fester Techniker eingestellt und die Positionen Dramaturgie und Disposition wurden fest besetzt.

Kapitel 2: Theater muss wie Fußball sein! – Die Intendanz von Peter Cahn

2001 – Beginn einer neuen Ära

Als Intendant Peter Cahn mit Dale Wassermans Don Quijote-Musical „Der Mann von La Mancha" und dem Kindertheaterstück „Eine Woche voller Samstage" im Sommer 2001 seine Intendanz am Fränkisch-Schwäbischen Städtetheater in Dinkelsbühl antritt, ahnt er sicherlich noch nicht, dass er das Theater 24 Jahre lang prägen wird. Ca. 14.800 Personen besuchen die Sommerfestspiele 2001, etwa 430 mehr als im letzten Jahr unter der Intendanz Schnell. Peter Cahn freut sich über diese Zahl, erklärt gegenüber dem Verwaltungsausschuss der Stadt Dinkelsbühl aber auch, dass er die Zahlen wesentlich erhöhen möchte. Gegenüber dem Ausschuss äußert er sich zudem zu der schwierigen Spielsituation in der Winterspielzeit. Die meisten Inszenierungen der Winterspielzeit finden im Großen Schrannensaal statt, denn das Theater besitzt noch keine eigene Winterspielstätte. Der Schrannensaal muss vom Theater gemietet werden - das lohnt sich finanziell allerdings kaum. Es ist, als ob das Theater ständig Gastspiele geben würde, so Cahn.

In seiner ersten Winterspielzeit will Intendant Peter Cahn das Theater mehr mit der Stadt Dinkelsbühl verbinden

Das Ensemble zu Besuch beim Publikum

„Horrormenü" in einer Gastwirtschaft – Beziehungsdramen und Schlager-Revue – Stücke den eigenen Möglichkeiten anpassen

DINKELSBÜHL (ml) – Wenn die Leute nicht ins Theater kommen, dann kommt das Theater eben zu den Leuten. In der Winterspielzeit zieht das Fränkisch-Schwäbische Stadttheaters deshalb einmal in eine Gastwirtschaft um.

In der „Goldenen Gans" wird das zweite Stück der ersten Winterspielzeit des neuen Intendanten Peter Cahn aufgeführt. Gegeben wird „Misery" (Premiere 17. Oktober) nach dem Roman von Stephen King zu einem „Horrormenü" aus der Gasthausküche. Bereits am Stadtfestsonntag hatte das Theater einen Streifzug durch die Dinkelsbühler Wirtschaften unternommen und Dario Fos „Obszöne Fabeln" unters Volk gebracht (Bericht auf der Landkreis-Seite). „Wir wollen das Theater mehr mit der Stadt verbinden", sagte Cahn gestern bei der Vorstellung des Programms. Die Besucher sollen das Gefühl bekommen, „das sind welche von uns".

Während anderenorts Bühnen Gastspiele in Fabriken geben, sieht Cahn in der Fremdenverkehrsstadt Dinkelsbühl die Gasthäuser als Möglichkeit an, ein neues Publikum zu erreichen. Die „Misery"-Produktion ist für ihn deshalb nur der Anfang einer ausbaufähigen Zusammenarbeit. Im Kopf geistert schon der Gedanke an eine Dracula-Inszenierung in einem Gewölbekeller herum.

Thematisch zieht sich das Thema Liebe und Beziehung wie ein roter Faden durch den Spielplan. Nachdem das Theater unter Cahns Vorgänger Alexander Schnell in den ersten vier Monaten des laufenden Haushaltsjahres ein Defizit von 116 000 Mark eingespielt hatte, will sich der neue Intendant an den in Dinkelsbühl möglichen Rahmen halten. „Wir müssen Stücke für uns passend machen und nicht hinter etwas herrennen, was wir nicht erreichen können."

Nach dieser Maxime ist Cahn auch bei der ersten Premiere vorgegangen. Dario Fos frech-anarchische Komödie „Offene Zweierbeziehung" (Premiere 18. September) spielt als Drei-Personen-Stück in einem Boxring. Und weil die dritte Person nur einen Satz Text hat, wird Liebhaber Frank Piotraschke in den Pausen des Beziehungskampfes sechs bis sieben Lieder singen.

Keine Anpassungen an Dinkelsbühler Verhältnisse sind beim dritten Stück nötig. Die Schlager-Revue „Rote Lippen soll man küssen" (Premiere Dienstag, 20. November) ist nämlich eine Uraufführung. [illegible]

Intendant Peter Cahn und Dramaturgin Karen Schultze stellten gestern das Programm der Winterspielzeit vor. [illegible]

Die FLZ berichtet in einem Artikel vom 11.09.2001 über die erste Winterspielzeit des neuen Intendanten. Rechts auf dem Bild sieht man die damalige Dramaturgin Karen Schultze.

Die Winterspielzeit 2001/02 beginnt der neue Intendant mit einem seiner liebsten Dramatiker, dem Literatur-Nobelpreisträger Dario Fo, und dessen Partnerin Franca Rame. Er zeigt die Komödie „Offene Zweierbeziehung". Peter Cahn bewundert den Italiener. Ein Zitat Fos nimmt sich der neue Intendant besonders zu Herzen:

„Nein, wir wollen Euch zum Lachen bringen… . Es öffnet sich nicht nur der Mund beim Lachen, sondern das Gehirn. Und ins Gehirn können Nägel der Vernunft eintreten. Ich hoffe, dass heute Abend einige Leute mit Nägeln im Kopf heimgehen… ."

Genau das möchte Peter Cahn: Das Publikum vielschichtig unterhalten und zum Nachdenken anregen, nicht bloß entertainen und auch keine antiquierten Stücke auf den Spielplan setzen. Er will etwas mit seiner Kunst bewirken, das Theater in Dinkelsbühl modernisieren und erarbeitet mit Dramaturgin Karen Schultze dahingehend einen abwechslungsreichen Spielplan. In seiner ersten Winterspielzeit in Dinkelsbühl stellt er die Stücke unter das große Motto „Liebe & Beziehung". Es stellt sich heraus, dass es ein guter Einstieg wird.

Peter Cahn stellt Wintersaison des Fränkisch-Schwäbischen-Städtetheaters vor

Zwischen Stephen King und Shakespeare

Mischung aus Klassikern und gehobenem Boulevard – Überthema „Liebe und Beziehungen"

DINKELSBÜHL – Populär und trotzdem nicht banal: Peter Cahn, Intendant des Fränkisch-Schwäbischen Städtetheaters, hat seinen ersten Winterspielplan so ausbalanciert, dass die Klassiker-Fraktion genauso zu ihrem Recht kommt, wie die, denen gehobenes Boulevardtheater am liebsten ist. Auf der einen Seite stehen Shakespeare und Kleist, auf der anderen Autoren wie Dario Fo und Stephen King. Außerdem plant er die Uraufführung einer Schlager-Revue.

Cahn eröffnet am Mittwoch, 19. September, mit der Boulevardkomödie „Offene Zweierbeziehung" des italienischen Autorenpaars Franca Rame und Dario Fo. Das Stück, das in den späten Achtzigern auch auf deutschen Bühnen ein Renner war, ist nach Meinung des Intendanten und bekennenden Dario-Fo-Verehrers „immer noch sehr aktuell". Das pointierte Dialog-Duell schlägt zudem ein Urthema an, das Cahn in dieser Saison verfolgen will: „Liebe und Beziehungen".

Im Stephen-King-Thriller „Misery" wächst sich eine Beziehung lebensbedrohlich aus (17. Oktober): Ein fanatischer Fan hält seinen Lieblingsautor gefangen, um ihm einen Roman abzupressen. Passend zum Stück spielt das Städtetheater in dem kleinen Veranstaltungssaal einer Dinkelsbühler

Will Städtetheater stärker in Dinkelsbühl verwurzeln: Intendant Peter Cahn. *Foto: Loy*

Gaststätte. „Ganz eng, damit sich keiner entziehen kann", so wünscht sich das der Intendant.

Nebenbei signalisiert der unübliche Spielort, dass es dem Intendanten ernst damit ist, das Städtetheater stärker an seinem Heimatort zu verwurzeln. „Gastspiele machen wir immer noch genug", meint er und räumt ein, dass es freilich noch mehr werden könnten. Das Städtetheater muss Geld verdienen. Cahns Vorgänger hat ihm für dieses Haushaltsjahr bereits ein Defizit von 116000 Mark hinterlassen.

In der Schlager-Revue „Rote Lippen soll man küssen" konfrontiert der Augsburger Autor Peter Bommas nach vielfach erprobtem Muster die heile Schlagerwelt mit der Wirklichkeit der frühen Bundesrepublik. Bommas hat die Revue eigens für das Städtetheater geschrieben (20. November).

Für das Liebesdrama schlechthin, für Shakespeares „Romeo und Julia" will Peter Cahn ein Bühnenbild bauen lassen, das an Shakespeares originale Londoner Spielstätte erinnert (9. Januar). Das dient dann, typischer Fall von Wiederverwertung, gleich darauf noch einmal als Kulisse, bei „Shakespeares sämtlichen Werken (leicht gekürzt)" (13. Februar). Auch das seit ein paar Jahren ein Erfolgsstück in deutschen Stadttheatern.

Zum Saisonende kehrt der Dinkelsbühler Ex-Dramaturg Lars Helmer als Gastregisseur für Heinrich von Kleists antikes Beziehungsverwirrspiel „Amphitryon" an das Fränkisch-Schwäbische Städtetheater zurück.

Mit dem Theater-Jugend-Club erarbeitet außerdem Dramaturgin Karen Schultze Nigel Williams „Klassenfeind" (20. März) und Andreas Peteratzinger übt mit Jugendlichen die Kunst des Improvisationstheaters. T. W.

FLZ-Artikel vom 11.09.2001.

Einer der großen Erfolge der Winterspielzeit 2001/02 ist der Stephen-King-Krimi „Misery", der am 17. Oktober 2001 im alten Theatersaal der „Goldenen Gans", einer Gastwirtschaft, in Dinkelsbühl Premiere feiert. Die Stuttgarter Schauspielerin Maike Frank gibt hier in der Rolle der Annie Wilkis ihr Dinkelsbühler Schauspieldebüt. Sie wird über all die Jahre mit Intendant Peter Cahn zusammenarbeiten. Die „Misery"-Inszenierung läuft so gut, dass es Zusatzvorstellungen gibt.

Mit Ausnahme des Jugendtheaterclub-Stücks „Klassenfeind" inszeniert Intendant Peter Cahn alle Stücke im Sommer 2001 und im Winter 2001/02.

Wohin heute?

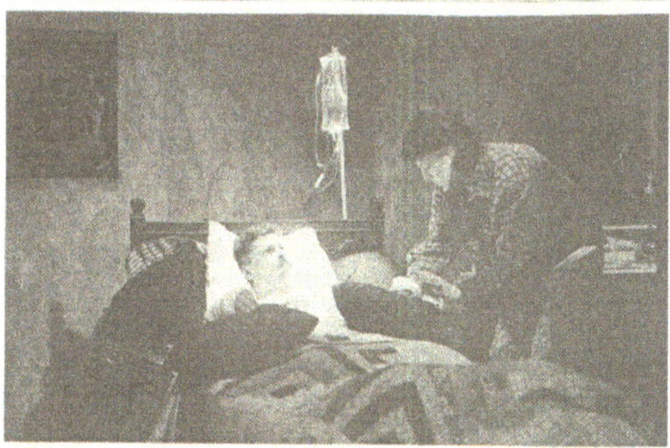

Das Kriminalstück „Misery" von Simon Moore – nach einem schaurig-schönen Thriller des Erfolgsautors Stephen King – erzählt die Geschichte eines Erfolgsautors, der nach einem Autounfall in die Hände seines treuesten Fans gerät und diesem hilflos ausgeliefert ist. Das Fränkisch-Schwäbische Städtetheater Dinkelsbühl inszeniert dieses Stück am heutigen Dienstag ab 20 Uhr im Gasthaus „Goldene Gans". Da die Oktober-Aufführungen schon ausverkauft sind, wurden weitere Vorstellungen für den 9./10. und 11. November angesetzt. Foto: Albright

Szenenfoto von „Misery" in der FLZ vom 17.10.2001. Foto: Albright.

Bei der heutigen Sitzung des Dinkelsbühler Verwaltungsausschusses gibt der Intendant des Fränkisch-Schwäbischen Städtetheaters, Peter Cahn (unser Bild), einen Bericht ab. Die Sitzung beginnt um 17.30 Uhr im Sitzungssaal des Rathauses. Foto: Kreiner

Bei der Sitzung des Dinkelsbühler Verwaltungsausschusses am 14.11.2001 legt der neue Intendant seinen ersten Bericht ab. Foto aus der FLZ von Kreiner.

Ein Ausschnitt des ersten Winterspielzeitflyers unter der Intendanz von Peter Cahn.

2002 – Ein Freund, ein guter Freund...

Bei den Sommerfestspielen 2002 steht eines von Peter Cahns Lieblingsstücken auf dem Spielplan: das Musiktheaterstück „Comedian Harmonists" (Regie: Peter Cahn). In dem berührenden Werk geht es um ein Gesangssextett, das unter dem Regime der Nationalsozialisten leidet. In dem Stück wird viel gesungen, unter anderem die berühmten Chansons „Mein kleiner grüner Kaktus" und „Ein Freund, ein guter Freund". Die Darstellenden beweisen eine herausragende Ensembleleistung, schlüpfen in über 20 Rollen. Hans Zehetmair, der bayerische Staatsminister für Wissenschaft, Forschung und Kunst und Schirmherr der Sommerfestspiele 2002, lässt es sich nicht nehmen und kommt zur Premiere am Mittwoch, den 19.06.2002 auf der Freilichtbühne am Künßberggarten. Kulturredakteur Thomas Wirth urteilt später in der FLZ zurecht: „[D]iese Sommerproduktion sitzt so tadellos wie ein maßgeschneiderter Frack". Humorvoll berichtet er, das Ganze sei ein „frackwürdiges Schauspielsingfest". Als Kinderstück sorgt „Jim Knopf und Lukas der Lokomotivführer" (Regie: Peter Cahn) für jede Menge Lacher bei den jungen Zuschauenden.

Klassiker dominieren die Winterspielzeit 2002/03. Auf dem Spielplan stehen unter anderem Schillers Sturm und Drang-Drama „Kabale und Liebe" (Regie: Peter Cahn) und Shakespeares „Ein Sommernachtstraum" (Regie: Lars Helmer). Doch auch modernere Dramen wie „Gretchen 89 FF" von Lutz Hübner (Regie: Peter Cahn) werden gespielt.

Insgesamt besuchen 32.228 Besucherinnen und Besucher die Aufführungen im Sommer und Winter – mehr denn je.

Peter Cahn (hinten links im Bild in der Rolle des Roman Cycowski) bewarb sich unter anderem mit diesem Inszenierungsbild („Comedian Harmonists", Regie: Peter Cahn, Junges Theater Augsburg, 1997) für die Intendanz in Dinkelsbühl. 2002 inszeniert er es erneut in Dinkelsbühl.

Kommentar: Kontinuität und Teamgeist – Autor: Thomas Wirth (FLZ Kulturredaktion)

Hinterher ist man zwar nicht unbedingt klüger, aber man weiß dann, was vorher kaum zu ahnen war. 24 Jahre nach den ersten Pressegesprächen mit Peter Cahn weiß ich, dass er als Intendant nie zu viel versprochen, aber sehr viel mehr erreicht hat.

An die Pressekonferenz vor Peter Cahns ersten Sommerfestspielen erinnere ich mich gut. Sie war anders als die üblichen und im Grunde die erste Dinkelsbühler Inszenierung des Intendanten. Ihr inoffizielles Thema: Kontinuität und Teamgeist. Zu sehen war auf einen Blick, dass niemand Theater allein macht. Drei Sphären waren repräsentiert: die der Kunst, der Politik und der Gesellschaft.

Wir saßen im Spitalhof-Konzertsaal, also gar nicht weit weg vom heutigen Theater. Wie viele Stühle nötig waren, weiß ich nicht, genug jedenfalls, um einen stattlichen Stuhlhalbkreis zu ergeben. Der neue Intendant war nicht allein gekommen, er hatte sein Theater mitgebracht, alle, die schon im Lande waren und mit den Sommerfestspielen zu tun hatten: das Verwaltungsduo, den Techniker, die Kostümschneiderin, die Dramaturgin, Schauspielerinnen, Schauspieler. Und auch der Oberbürgermeister, Otto Sparer, war da. Die Presse vertrat das Publikum – drei Sphären.

Es ging nicht um hochfliegende Absichtserklärungen, sondern darum, Vertrauen herzustellen und die Lage zu beruhigen. Der vorherige Intendant hatte, bei allen Verdiensten für die Bühne, einen Scherbenhaufen hinterlassen. Sein Führungsstil war von der Art, die man heute „toxisch" nennt. Peter Cahn machte klar, dass dies nicht seine Art ist.

Ansonsten stand einem vor Augen, dass der Neue einen fließenden Übergang anstrebte, nicht den harten Bruch, den zu viele seiner Kollegen zelebrieren. Dass Peter Cahn das alte Logo übernahm, um Kosten zu sparen, war nur ein Detail am Rand. Dass er Schauspielerinnen und Schauspieler, also jene, die dem Theater ein Gesicht geben, weiterbeschäftigte, war entscheidender: Kontinuität und Teamgeist.

Statt auf die Kraft der Disruption vertraute Peter Cahn auf die der Evolution, um den Dinkelsbühler Theaterbetrieb weiterzuentwickeln. Dazu braucht man einen langen Atem und das Gespür für den richtigen Zeitpunkt. Peter Cahn, so wie ich ihn kenne, hat beides, dazu Augenmaß und einen pragmatischen Realitätssinn. Er weiß, wo und für wen sein Theater spielt. Das Vertrauen bei Publikum und Politik wuchs – und damit das Theater.

Nach und nach richtete er seinen Spielplan so aus, dass er in die Breite strahlte. „Volkstheater mit Anspruch“ lautete sein Motto. Peter Cahn löste es ein. Werte, ohne die keine Demokratie existieren kann, lassen sich auch komödiantisch vermitteln. „Ich bin nicht der große Zampano“, sagte er am Anfang seiner Intendanz. „Ich bin ein guter Handwerker, der mit seinem Ensemble Kunst macht – im besten Fall.“

Der selbstkritische Blick gefiel mir; er war aber zu bescheiden, denke ich heute, und nicht vollständig. Das politische Talent, das ein Intendant benötigt, fehlt in der Selbstbeschreibung – Politik als „die Kunst des Möglichen“ verstanden.

Peter Cahn beherrscht diese Kunst und außerdem jene, den Weg für scheinbar Unmögliches zu bereiten: Die neuen eigenen Spiel- und Arbeitsstätten sind genau das: eine wirklich gewordene Unmöglichkeit. Cahns Vorgänger konnten von solchen Gebäuden und Räumen nur träumen. Heute hingegen erscheint unfassbar, unter welchen Bedingungen die Theaterleute vor 30, vor 25 Jahren arbeiteten.

Peter Cahn war der richtige Mann zur richtigen Zeit am richtigen Ort. Einen besseren Intendanten hätte Dinkelsbühl vor einem Vierteljahrhundert für sein Theater nicht bekommen können.

Thomas Wirth (FLZ Kulturredaktion). Foto: Thomas Wirth.

2003 – Ein Mittelalter-Krimi auf der Freilichtbühne

Im Sommer 2003 wagt sich Intendant Peter Cahn an ein neues Mammutprojekt: Er inszeniert den Klosterkrimi „Der Name der Rose“ auf der Freilichtbühne im Künßberggarten, nach dem weltberühmten historischen Roman von Umberto Eco. Frank Piotraschke, seit Frühjahr 2001 Schauspieler am Dinkelsbühler Theater, spielt die Hauptfigur William von Baskerville. Dieser ist ein Franziskanermönch, der grauenvolle Morde in einem Kloster aufklären will. Im gleichnamigen Film aus dem Jahr 1986 ist Sean Connery in dieser Rolle zu sehen. Peter Cahn möchte allerdings keinen Connery-Abklatsch präsentieren. Bei der Inszenierung sind insgesamt 19 Personen vor und hinter der Bühne involviert. Eine so hohe Anzahl an Beteiligten zu managen ist ein Kraftakt, den Peter Cahn gekonnt bewältigt. Als Einspringer spielt Peter Cahn bei der Premiere am 17. Juni 2003 sogar selbst mit. Er bemerkt zur Botschaft der Inszenierung, dass es ihm wichtig sei, dem Lachen genügend Platz im Leben zu lassen.

Städtetheater Dinkelsbühl probt „Der Name der Rose“

Düsteres in der Abtei

Peter Cahn will Klosterkrimi sehr atmosphärisch gestalten

FLZ-Vorbericht über die Inszenierung von „Der Name der Rose“ (Regie: Peter Cahn), 14./15.06.2003.

Karen Schultze indes inszeniert den spaßigen Astrid Lindgren-Stoff „Ronja Räubertochter“, mit Margarit Ziellenbach als Ronja und Dirk Weidner in der Rolle des Birk.

Die Uraufführung von Frank Piotraschkes 50er-Jahre-Revue „Ohne Krimi geht die Mimi nie ins Bett“ (Regie: Peter Cahn) findet in der Winterspielzeit 2003/2004 statt. Zu sehen gibt es außerdem, um nur zwei von insgesamt sieben Inszenierungen zu nennen, „Eine Mittsommernachts-Sexkomödie“ und einen humorvollen Karl Valentin-Abend.

2004 – Auszeichnung auf den Bayerischen Theatertagen

Mit dem Kinderstück „Pettersson, Findus und der Hahn" landet Peter Cahn bei der Spielplangestaltung der Sommerfestspiele 2004 einen weiteren Hit: Bereits vor der Premiere am Samstag, den 19. Juni 2004 sind vier Vorstellungen komplett ausverkauft. Kindertheater-Regisseur Jürg Schlachter, den Peter Cahn noch von seiner Zeit am Jungen Theater Augsburg kennt, inszeniert das humorige Stück über den quirligen Kater Findus und den alten kauzigen Pettersson. In dem Stück spielen nur drei Schauspieler mit. Die Inszenierung wird im selben Jahr auf den Bayerischen Theatertagen in Regensburg ausgezeichnet.

Kinder machten sich eigene Gedanken um den Hahn aus dem Kinderstück der Sommerspiele

Bilder und Geschichten mit „Caruso"

Preisträger ausgewählt: Julia Schlembach und Rosanna Staus bekommen Theaterkarte

Im Rahmen von „Pettersson, Findus und der Hahn" (Regie: Jürg Schlachter) fand ein Malwettbewerb für Kinder statt. FLZ-Artikel vom 25./26.09.2004.

In der Winterspielzeit 2004/05 setzt Peter Cahn verstärkt auf ernstere Dramatik: Gezeigt wird unter anderem „Endstation Sehnsucht" von Tennesee Williams oder „Der Kontrabass" von Patrick Süskind (Regie bei beiden Inszenierungen: Peter Cahn). Der Intendant kooperiert zudem mit neuen Gastspielbetrieben, zum Beispiel in Ellwangen.

Das Fränkisch-Schwäbische Städtetheater will künftig enger mit der Stadt Ellwangen kooperieren

Ein Städtebundtheater als Fernziel

Intendant wird am 26. Oktober „Der Kontrabass" vorstellen – Aktuelle Produktion ausverkauft

DINKELSBÜHL – Die Vorstellungen von „Endstation Sehnsucht" in Dinkelsbühl (am morgigen Freitag und Samstag, 23. Oktober) sind bis auf einzelne Restkarten ausverkauft. Erstmals wird es in dieser Spielzeit einen Abstecher des Fränkisch-Schwäbischen Städtetheaters nach Ellwangen geben. Diese Kooperation soll weiter ausgebaut werden.

Ausverkauft: Die aktuelle Produktion „Endstation Sehnsucht". In Wassertrüdingen gibt es für den kommenden Montag aber noch Tickets.

Interessierte können sich an der Abendkasse - diese öffnet um 19 Uhr - noch auf die Warteliste setzten lassen, wenn jemand seine reservierten Karten nicht abholen sollte, teilte die Theaterverwaltung mit. Ansonsten weist diese auf die Gastspiele mit dieser Produktion in der näheren Umgebung hin.

Wegen eines Raumbelegungsproblems müsse das Gastspiel in Wassertrüdingen allerdings auf Montag, 25. Oktober, vorverlegen werden. Beginn ist um 20 Uhr in der Aula der Realschule. Am Mittwoch, 27. Oktober, findet erstmals im Rahmen einer neuen Kooperation ein Gastspiel von „Endstation Sehnsucht" in Ellwangen statt - Beginn um 20 Uhr im Speratushaus.

Diese Vorstellung bildet den Auftakt für eine geplante engere Zusammenarbeit mit Ellwangen, die später einmal im Sinne des Städtebundtheaters alle Produktionen einer Spielzeit in die Nachbargemeinde bringen soll, heißt es in einer Pressemitteilung des Theaters. Für diese Spielzeit gebe es erstmal allerdings nur einen weiteren Termin mit Ellwangen: „Der Kontrabass" am 1. Dezember in der Marienpflege. Am Dienstag, 26. Oktober, wird im Café „Ars Vivendi" in Ellwangen um 19 Uhr eine Soiree stattfinden, bei der Stadttheaterintendant Peter Cahn und der Kulturamtsleiter aus Ellwangen, Olaf Thielke, zum einen das Projekt vorstellen werden, insbesondere aber Cahn im Sinne der Dinkelsbühler Soireen dem Publikum die Produktion und sein Inszenierungskonzept erläutern wird.

FLZ-Artikel vom 21.10.2004 über die Idee eines Städtebundtheaters.

Kommentar: Kindertheater in Dinkelsbühl – Autor: Jürg Schlachter (Regisseur am Landestheater)

„Alle Menschen sollten ihre Kindheit von Anfang bis Ende mit sich tragen." - Astrid Lindgren

Lieber Peter!

Es war einmal vor vielen, vielen Jahren ... am Jungen Theater in Augsburg, da wurde ein Stück von mir aufgeführt („Die Fröschl's"), Regie Peter Cahn, und ich fuhr hin, um es mir anzuschauen.

So lernten wir uns bei dieser wunderbar witzigen Inszenierung kennen. Und ich wusste sofort: Wir teilen die Leidenschaft, für das junge Publikum Geschichten zu erzählen – Geschichten nicht aus der Sicht „kluger Erwachsener" („Verwachsener") erzählt, sondern gespeist aus dem „Quell" von unserem „ureigenen anarchistischen, inneren Kind".

Mein Lieblingslehrer an der Schauspielschule hat mir einmal gesagt: „Ein Kind erlebt an einem Tag unzählige Geschichten und hat dabei so intensive Gefühle, dass man damit locker den ganzen „Faust" rauf- und runterspielen kann." Das ist eine „Wahrheit", die mich mein ganzes Theaterleben begleitet hat ... man muss sich halt nur an seine Kindheit mit all seinen „Dramen" erinnern und sie „zulassen". Und das ist auch der Schlüssel für gutes Kindertheater, weil es auch die „Großen" erreicht (Auf jeden Fall die, die ihre Kindheit noch immer „in der Westentasche mit sich tragen"). Ich denke, so entsteht „Theater für alle"!

Und so bevölkerten Jahr für Jahr die Heldinnen und Helden aus der sogenannten Kinderliteratur die Freilichtbühne in Dinkelsbühl und erzählten die „großen und kleinen Dramen der Welt".

Pettersson, Findus und der „Macho-Hahn" machten Platz für das kleine Gespenst, Pippi Langstrumpf abenteuerte mit Annika, Tommy und dem Äffchen um die Welt, Michel aus Lönneberga machte sich und seine Welt unsicher (auch wenn er mit dem Kopf in einer Suppenschüssel festgeklemmt war), Robin Hood kämpfte mit seiner Räuberbande gegen „staatliche Korruption“ und sorgte für ein bisschen mehr Gerechtigkeit in der Welt, der kleine Ritter Trenk schaffte es mit Mut und kräftiger Mithilfe eines Mädchens, vom armen Jungen zum Adligen aufzusteigen, Mogli lernte die Gesetze des Dschungels und kämpfte heldenhaft und erfolgreich gegen Shir Khan, eine kleine Vampirin verliebte sich in einen einsamen Jungen, der mit ihr zusammen den Friedhof in einen Abenteuerspielplatz verwandelte, der gestiefelte Kater verhalf seinem Müllerssohn Hans mit komödiantischer Schummelei zu seinem Glück, Aladdin brachte Bagdad nach Franken und schenkte seinem Lampen-Geist Dschinn die Freiheit, der rothaarige Kobold Pumuckl machte mit den Erwachsenen allerlei herrlichen Unfug und verliebte sich bis über beide Ohren in Bärbel, Doro wurde unfreiwillig von einem Tornado ins Reich von „Oz“ geträumt und schloss eine tiefe Freundschaft mit der Vogelscheuche, dem Blechmann und dem Löwen, die Biene Maja reifte von der „Baby-Biene“ zur Retterin ihres Bienenvolkes, Ronja Räubertochter versöhnte zwei verfeindete Räuberbanden und fand ihren „Romeo“ und und und ... Unzählige Zuschauerinnen und Zuschauer erfreuten sich an diesen fantastischen Geschichten und träumten sich in die große, weite Welt voller emotionaler Abenteuer.

Lieber Peter! Das hast du als „Theater-Verrückter“ mit deinen jeweiligen Ensembles und allen Mitwirkenden „im Hintergrund“ ermöglicht. Und Dinkelsbühl wurde für mich „ein Teil meines Lebens“, eine wunderbare Zeit für mich, DANKE!!! (Und ich gestehe, die Zusammenarbeit mit dir wird mir fehlen ...) Aber: ... und weil wir nicht gestorben sind, spielen wir weiter!!!

„Es gibt kein Alter, in dem alles so irrsinnig intensiv erlebt wird wie in der Kindheit. Wir Großen sollten uns erinnern, wie das war.“ - Astrid Lindgren

Langjähriger Regisseur am Landestheater Dinkelsbühl: Jürg Schlachter. Foto: Thomas Wirth.

2005 – Die Freilichtbühne wird neu gebaut

2005 steht ein erster Meilenstein in der Ära Peter Cahns am Dinkelsbühler Theater an: Die Freilichtbühne am Wehrgang wird neu gebaut! Verantwortlich für den Entwurf und den Bau der Freilichtbühne ist Holger Göttler, der Leiter des Sachgebiets Technik im Stadtbauamt. Ein herrlicher Holzbau entsteht und auch die Bühne ist nun überdacht, sodass die Aufführungen bei Regenwetter trotzdem komplett im Trockenen gespielt werden können. Durch die neue Bedachung ist die Freilichtbühne zudem geschützter vor den Geräuschen, die der prasselnde Regen verursacht. Zum Dank für ihre großartige Arbeit, die sie beim Neubau der Freilichtbühne geleistet haben, lädt Oberbürgermeister Dr. Christoph Hammer die Helfer zu einem großen Frühstück an der Freilichtbühne ein.

Die überdachte Freilichtbühne am Wehrgang im Jahr 2024. Foto: Felix J. Mohr, Landestheater Dinkelsbühl.

Bei den Sommerfestspielen 2005 etabliert Peter Cahn erstmals eine weitere Neuinszenierung. Ab sofort stehen im Sommer zwei

Abendinszenierungen und ein Kinderstück auf dem Spielplan. Im Jahr 2005 sind das die schwarze Krimikomödie „Arsen und Spitzenhäubchen (Arsenic and Old Lace)", die Uraufführung von Frank Piotraschkes Grusical „Dracula" nach Bram Stoker und als Kinderstück „Das kleine Gespenst".

In der US-amerikanischen Komödie „Arsen und Spitzenhäubchen" schlüpfen Maike Frank und Margarit Ziellenbach, zwei am Dinkelsbühler Theater längst bekannte Gesichter, in die Figuren der liebenswerten Schwestern Abby und Martha Brewster. Die betagten Brewsters haben es sich zur Aufgabe gemacht, alleinstehende Herren von deren Einsamkeit zu erlösen – mit vergiftetem Holunderwein. Es ist das zweite Mal, dass die Komödie in Dinkelsbühl gespielt wird. Intendant Troemer inszenierte sie bereits in der Winterspielzeit 1985/86. Und es wird nicht das letzte Mal gewesen sein: Auch bei den Sommerfestspielen 2024 sind Abby und Martha wieder dabei. Sie werden erneut von Maike Frank und Margarit Ziellenbach gespielt.

Maike Frank (links) und Margarit Ziellenbach. Szenenfoto von „Arsen und Spitzenhäubchen" (Regie: Peter Cahn), 2005.

Obwohl die Premiere von „Dracula" wegen der „Konkurrenz-Programme" am Theater in Feuchtwangen und einem Fußballspiel der Deutschen Nationalmannschaft im Confederations Cup nur mäßig besucht ist, wird Piotraschkes Grusical im Gesamten ein voller Erfolg. Lara Hausleitner von der FLZ schwärmt in ihrer Premieren-Kritik von den Regiekniffen Peter Cahns, der Textfassung Frank Piotraschkes und den von den Darstellerinnen und Darstellern verkörperten Charakteren.

Der Winter in den Jahren 2005/06 wird philosophisch und humorvoll zugleich. Dramaturgin Karen Schultze inszeniert die berührende Geschichte von „Der Kleine Prinz" von Antoine de Saint-Exupéry. Zudem werden „Loriots dramatische Werke" gezeigt, unter anderem mit Knut Fleischmann und Maike Frank.

2006 – 50-jähriges Jubiläum und die Ernennung zur Landesbühne

Im Juni 2006 feiert man das 50-jährige Bestehen des Fränkisch-Schwäbischen Städtetheaters Dinkelsbühl und 50 Jahre Theater- und Kulturring Dinkelsbühl. Anlässlich dieses Jubiläums zaubern Intendant Peter Cahn mit seinem Team und Oberbürgermeister Dr. Christoph Hammer ein buntes Theaterprogramm auf die Bühne. Eingeladen zu der Festivität sind auch der ehemalige Intendant Klaus Troemer und seine Frau Helga Wahrlich. Sie treten gar mit einem eigenen Beitrag in Erscheinung. Baurat Holger Göttler, der bereits für die Erneuerung der Freilichtbühne verantwortlich war und schon bald Stadtbaumeister werden sollte, stellt an dem Abend zudem seinen Entwurf für das für 2008 geplante Theater im Spitalhof vor. Für das in Planung stehende Haus müssen hohe Geldsummen akquiriert werden.

Im Sommer wird das bekannte Musical „Anatevka (Fiddler on the Roof)“ gespielt, ebenso wie „Sugar – Manche mögen's heiß“ nach Peter Stone und „Der Räuber Hotzenplotz“ für Kinder. Es ist das Jahr der Fußballweltmeisterschaft, welche in Deutschland stattfindet. Daher werden immer wieder Vergleiche zwischen der siegreichen deutschen Mannschaft und dem erfolgreichen Theaterteam in Dinkelsbühl gezogen.

Im Winter zeigt das Theater unter anderem die Revue „Hossa oder Als Robert Lembke nicht kam“ (Regie: Peter Cahn), aber auch Klassiker wie „Pygmalion“ von Bernhard Shaw (Regie: Inga Helfrich) und das Fragment „Woyzeck“ von Georg Büchner (Regie: Peter Cahn), das auf eindrückliche Weise das Thema „Menschenwürde“ behandelt.

Wohin heute?

Das Landestheater Dinkelsbühl Franken-Schwaben bringt am heutigen Donnerstag ab 20 Uhr im Schrannenfestsaal „Hossa oder Als Robert Lembke nicht kam" auf die Bühne. Die Besucher erwartet eine 70er-Jahre-Revue von Dirk Böhling. Weitere Vorstellungen sind am Freitag, 20., sowie am Samstag, 21. Oktober.

FLZ-Hinweis vom 19.10.2006.

Oberbürgermeister Dr. Christoph Hammer und Intendant Peter Cahn veranstalten im Oktober 2008 eine Benefizgala. Der Oberbürgermeister bedankt sich bei den zahlreichen bisherigen Spendern – über 300.000 Euro sind zu diesem Zeitpunkt bereits für die Theaterscheune im Spitalhof zusammengekommen. Für Peter Cahn ist es ein doppelter Anlass, um zu feiern, da das Theater im Oktober den ersehnten Landesbühnenstatus erhält. Seither heißt es Landestheater Dinkelsbühl Franken-Schwaben.

Kommentar: Zum Glück unheilbar theaterverrückt! – Autor: Klaus Seeger (Programmleiter Radio 8)

Peter Cahn ist theaterverrückt. Dieser bei ihm offenbar unheilbare Zustand entwickelte sich in den über zwei Jahrzehnten seiner Intendanz zum echten Glücksfall für Dinkelsbühl, für die Region und weit darüber hinaus. Das Dinkelsbühler Theater hat sich eine enorme Strahlkraft erarbeitet. Irgendwie war das einst „Fränkisch-Schwäbische Städtetheater" vor Peter Cahn eher ein sympathisches Provisorium. Von einer professionellen Infrastruktur konnten die Theatermacher über Jahrzehnte nur träumen. Allen Respekt dafür, wie sie in dieser Zeit das durchgezogen haben. Peter Cahn erkannte 2001 bei der Übernahme der Intendanz offenbar das Potential dieser Bühne. Schon bald hatte er einen Mitstreiter, der ebenfalls die große Bühne liebt: Oberbürgermeister Dr. Christoph Hammer. Da hatten sich zwei gefunden! Man rieb sich als Beobachter nur noch die Augen: Innerhalb weniger Jahre durfte sich die Dinkelsbühler Bühne nicht nur „Landestheater" nennen, sondern bekam mit der schicken Tribüne am Wehrgang und mit dem professionellen Theaterbau im Spitalhof endlich die Spielstätten, die sie längst verdient hatte. Wann immer ich Peter Cahn zum Interview treffen durfte, sprühte er nur so vor Enthusiasmus. Eigentlich hätte er sich entspannt zurücklehnen können. Denn bei der Eröffnung des Theaterbaus 2006 im Spitalhof sagte OB Hammer dem Intendanten eine Beschäftigungsgarantie bis 2025 zu. Ungläubiges Lachen im Publikum. Nicht etwa, weil man es dem OB nicht abnehmen wollte. Nein! Dass es ein Theatermacher weitere 17 Jahre an nur einem Ort halten sollte, hörte sich ungewöhnlich an. Doch Cahn blieb, ohne sich auf der Beschäftigungsgarantie auszuruhen. Wohl auch, weil er die Stadtspitze hinter sich wusste. Dinkelsbühl steht zu seinem Theater. Hier gibt es kein unwürdiges Theater ums Theater. Das gibt Sicherheit und setzt offenbar enorme Kräfte frei, ansonsten wären viele der Großproduktionen auf der Freilichtbühne und manch ambitioniertes Werk im Theaterhaus nicht möglich gewesen. Der Sommerspielplan wurde über die Jahre immer musikalischer. Peter Cahn erfüllte den Wunsch des Publikums nach leichter Muse, die jedoch alles andere als leicht zu inszenieren ist. Das Landestheater singt und tanzt sich durch die Jahrzehnte. Das Publikum beklatscht es zehntausendfach. Dieser Applaus gilt vor allem auch Peter Cahn. Absolut verdient. Chapeau!

Klaus Seeger, Programmleiter von Radio 8. Foto: Radio 8.

2007 – Die Bürgermeisterwette

Ein humoriger Klassiker kommt auf die Freilichtbühne am Wehrgang: Das Landestheater zeigt bei den Sommerfestspielen 2007 die berühmte Komödie „Don Camillo und Peppone“ (Regie: Peter Cahn). In den Hauptrollen sieht man Frank Piotraschke als Priester Don Camillo und Andreas Harwath als Bürgermeister Peppone. Harwath übernimmt zudem die musikalische Leitung bei Cahns Inszenierung. Für Oberbürgermeister Dr. Christoph Hammer ist das Stück der ideale Anlass für ein besonderes Benefizevent: Er wettet, zusammen mit dem Stadtpfarrer Bernd Aninger und dem Dekan Martin Kögel, gegen zwei Dinkelsbühler Banken, dass er mindestens 100 Geistliche und Bürgermeister zu einer Vorstellung von „Don Camillo und Peppone“ nach Dinkelsbühl bringt. Sollte dies gelingen, bekäme das Theater 20 Euro pro Bürgermeister oder Geistlichem für neue Spielplätze. Am Ende gibt es ca. 500 Anmeldungen. Die Banken müssen zahlen. Ein weiteres Rahmenprogramm ist eine „italienische Nacht“, die in der Altstadt Dinkelsbühls stattfindet.

Cover des Programmhefts zu „Don Camillo und Peppone“ (Regie: Peter Cahn). Auf dem Cover sieht man Frank Piotraschke (links) und Andreas Harwath, zwei prägende Personen am Landestheater Dinkelsbühl.

Die Winterspielzeit 2007/08 zeigt mitunter berühmte Dramatik wie „Harold und Maude“ (Regie: Peter Cahn) und „Wer hat Angst vor Virginia Woolf...?“ (Regie: Frank Piotraschke).

Szenenfoto von „Harold und Maude“ (Regie: Peter Cahn).

Szenenfoto von „Der Tag, an dem der Papst gekidnappt wurde" (Regie: Peter Cahn).

Kommentar: Wir kriegen alles klein! oder Size doesn't matter – Meine musikalischen Jahre mit Peter Cahn – Autor: Andreas Harwath (Musikalischer Leiter am Landestheater)

Begonnen hat alles ganz klein – die erste Produktion, die ich mit Peter Cahn in Dinkelsbühl bestreiten durfte, war ein Einspringer: „Die Comedian Harmonists". Fünf Sänger (unter anderem ich) und ein musikalischer Leiter (damals noch nicht ich) am Piano - der, kleine Anekdote am Rande, aufgrund anderweitiger Verpflichtungen gelegentlich keine Zeit für Vorstellungen hatte und dann von Peter Cahn persönlich an einem ausgeschlachteten Konzertflügel so punktgenau „tastensynchron" imitiert wurde, dass die Dinkelsbühler Zuschauer sich verwundert die Augen rieben ob der pianistischen Fähigkeiten ihres Intendanten. Natürlich kam die Musik vom Band...

Zwei Jahre später tat mir der damalige musikalische Leiter den großen Gefallen, eine von ihm verantwortete Produktion so zu vernachlässigen, dass ich, obwohl eigentlich nur als Darsteller engagiert, de facto zum musikalischen Leiter aufstieg – und es die kommenden 21 Jahre auch blieb...

Ich lernte recht schnell, dass den Begriffen „Arrangement" und „Improvisation" am (damals noch) Fränkisch-Schwäbischen Städtetheater Dinkelsbühl nicht nur eine musikalische, sondern vor allem eine logistische Komponente innewohnt. Und so wurde eines der Hauptwerkzeuge meiner Arbeit die Axt, mit der ich musikalisches Kleinholz machte, um die Musik den Gegebenheiten eines doch recht kleinen Theaters anzupassen – aber auch dem Ehrgeiz seines Intendanten, der sich (dankenswerterweise!) zumindest in den ersten 15 Jahren unserer Zusammenarbeit nicht damit bescheiden wollte, musikalisches Treibgut zur Aufführung zu bringen.

So entstanden mit Kleinstbesetzungen musikalische Inszenierungen, die man der inzwischen zum „Landestheater Dinkelsbühl Franken-Schwaben" aufgestiegenen Bühne nicht unbedingt zugetraut hätte, von „Anatevka" über „Cabaret" bis hin zur „Rocky Horror Show", den „Blues Brothers" und „Jesus Christ Superstar" – dazu diverse musikalische Uraufführungen, Kinderstücke mit eigens komponierter Musik etc. Und nebenbei

durfte ich als Sound Designer an die 100 Stücke mit Geräuschen, Collagen und Zwischenmusiken ausstatten...
Dass der Fokus sich in der letzten Zeit ein wenig von den anspruchsvollen Musiktheaterproduktionen weg- und zu musikalischen Revuen hinbewegt hat, mag aus künstlerischer Hinsicht eine bedauerliche Entwicklung sein (nicht zuletzt bedauert von Intendanz und musikalischer Leitung!), die aber mit dem Wandel des Publikumsgeschmacks, steigendem finanziellen Druck und nicht zuletzt den Krisen der vergangenen Jahre zu erklären sind. Es bleibt nur zu hoffen, dass die Zeiten sich irgendwann wieder zum Besseren der Kultur ändern...
Was bleibt als Fazit dieser 21 Jahre?
Für das Landestheater Dinkelsbühl war ich musikalischer Leiter, Kleinholzfabrizierer, Arrangeur, Multi-Instrumentalist, Sound Designer, Schauspieler und Sänger.
Für Peter Cahn war ich Wunscherfüller für seine musikalischen Träume als Intendant, Regisseur – und gelegentlich auch als Sänger, den man allerdings aufgrund seiner unorthodoxen Auslegung von Rhythmus und Melodie etliche Male wieder „einfangen" musste...
Und was bleibt für mich? Die Entwicklung meiner musikalischen Fähigkeiten in einem kleinen, aber feinen kreativen Biotop, die Zusammenarbeit mit fantastischen Musiker*innen, Sänger*innen und Regisseur*innen – und die Erkenntnis, dass ich als Komponist nur begrenzt Talent habe (es sei denn, für Kindertheater).
Wem ich das zu verdanken habe? Nun ja, wem wohl...
Lieber Peter, danke für dein langjähriges Vertrauen und die wunderbare, kreative und aufregende Zeit!

Andreas Harwath – seit vielen Jahren musikalischer Leiter am Landestheater Dinkelsbühl. Foto: Felix J. Mohr, Landestheater Dinkelsbühl.

2008 – Das Theater im Spitalhof wird eröffnet

Gleich fünf Inszenierungen stehen auf dem Spielplan der Sommerfestspiele 2008, mehr denn je. Unter ihnen die Striptease-Komödie „Ladies Night“ (Regie: Peter Cahn) und das Kinderstück „Meister Eder und sein Pumuckl“ (Regie: Jürg Schlachter). Beide Stücke entpuppen sich als Publikumserfolge und werden bei den Sommerfestspielen 2025 schließlich erneut inszeniert. Andreas Harwath mimt einen fantastischen Hercule Poirot in Agatha Christies Krimi „Tod auf dem Nil (Mord an Bord)“ (Regie: Peter Cahn). Zu sehen gibt es außerdem die Schlagerrevue „Ein Freund, ein guter Freund…“.

Andreas Harwath in seiner Rolle des Hercule Poirot in „Tod auf dem Nil (Mord an Bord)“ (Regie: Peter Cahn).

Über eine Million Euro hat die Stadt in den Bau der Theaterscheune gesteckt. Nach einem Jahr Bauzeit ist es im Mai

2008 soweit: Das Haus kann eröffnet werden. Eingeweiht wird es mit dem Musical „Cabaret“ (Regie: Peter Cahn), das danach bei den Sommerfestspielen 2008 auf der Freilichtbühne gezeigt wird. Peter Cahn ist stolz auf die Errungenschaft des Theaters, das nun eine eigene Winterspielstätte hat. Vorbei sind die Tage, in denen man im Schrannensaal spielen musste. Das Haus im Spitalhof dient nicht nur als Proben- und Aufführungsort – auch die Verwaltung und die Werkstatt haben hier einen neuen Arbeitsplatz bekommen und können aus dem baufällig gewordenen Haus in der Bauhofstraße endlich ausziehen.

Die neue Bühne und der Saal des neuen Theaters im Spitalhof in der Dr.-Martin-Luther-Straße 10. Foto aus 2008.

In der Wintersaison werden vor allem gesellschaftskritische Komödien auf die neuen „Bretter, die die Welt bedeuten“ gebracht. Unter anderem stehen die Satire „Bezahlt wird nicht!“ von Dario Fo (Regie: Tanja Kuntze) und Yasmina Rezas Komödie „Kunst“ auf dem Spielplan.

Das Theater im Spitalhof in der Winterspielzeit 2023/24. Foto: Felix J. Mohr, Landestheater Dinkelsbühl.

Knut Fleischmann, Andreas Peteratzinger und Felix von Frantzius in Yasmina Rezas „Kunst“ (Regie: Peter Cahn).

Das Landestheater erreicht erstmals über 50.000 Zuschauerinnen und Zuschauer während des Sommers und des Winters.

Kommentar: Austausch zwischen zwei Intendanten – Autor: Johannes Kaetzler (Intendant der Kreuzgangspiele Feuchtwangen)

Da Dinkelsbühl mit eigenem Theater in unmittelbarer Nachbarschaft der Festspielstadt Feuchtwangen liegt, war es für mich bei meinem Amtsantritt als Intendant der Kreuzgangspiele im Jahr 2008 selbstverständlich, zügig einen Termin mit dem Intendantenkollegen Peter Cahn zu vereinbaren.

Unser erstes Treffen war geprägt von gegenseitigem Verständnis, Respekt und Freundlichkeit.

Uns war beiden bewusst, dass wir im sportlichen Sinne Konkurrenten um die Gunst des Publikums in der Region sind, dass wir uns aber gegenseitig offen begegnen sollten und unsere Programme aufeinander abstimmen müssen.

In jeder Spielzeit – außer in der Zeit der Corona-Pandemie – haben Peter Cahn und ich uns getroffen, und ich war stets neugierig darauf, was wir uns mitzuteilen hatten und zu welchen Entscheidungen wir kommen. Ich bin Peter Cahn sehr dankbar, dass wir all die vielen Jahre im lebendigen Austausch sein konnten, und die persönlichen Gespräche und Telefonate mit ihm haben mich stets bestärkt in meiner Überzeugung, dass Kulturschaffende niemals gegeneinander, sondern immer miteinander wirken sollten.

Es ist uns gemeinsam mit unseren vielen Mitarbeitenden gelungen, die Wahrnehmung unserer Theater und damit auch unsere Zuschauerzahlen stetig zu steigern und so ein sichtbares Zeichen dafür zu setzen, dass kulturelle Vielfalt eine Region bereichert und attraktiv macht. Je breitgefächerter die Theaterangebote sind, desto mehr Menschen sprechen sie an. Je umfassender Kultur angeboten wird, desto mehr Menschen nehmen an ihr teil.

Immer wieder entstehen Debatten darüber, Theater zusammenzulegen oder gar zu schließen; meist werden dafür wirtschaftliche Gründe ins Feld geführt. Wir haben durch unsere gemeinsame Arbeit bewiesen, dass gerade die Vielfalt der Theater mit verschiedensten Angeboten für die Menschen attraktiv ist und unbedingt in unserer so kostbaren Kulturlandschaft erhalten werden muss.

Peter Cahn und ich sind davon überzeugt, dass dort, wo die Theater lebendig sind, das Leben lebenswert ist. Theater sind Orte der lebendigen Gemeinsamkeit und tragen in sich die Verheißung von Menschenfreundlichkeit, Offenheit und die Liebe zum Leben.

Theater sterben in der Dunkelheit des Üblen.

Wir sind beide von unserer Ausbildung her Schauspieler und im Herzen auch immer geblieben. Daher wollen wir die Spielenden auf der Bühne als Mittelpunkt jeder Aufführung erleben, die wir zu verantworten haben. Kluge Regiekonzepte, raffinierte Bühneneffekte und Ausstattungen sind unabdingbar für das Gelingen einer Aufführung, aber all das wird hohl und nichtssagend, wenn die Spielenden nicht wirkungsmächtig im Zentrum des Geschehens stehen und die Zuschauenden in ihren Bann ziehen können.

Peter Cahn liebt das Theater. Er ist dem Geschehen auf der Bühne mit ganzem Herzen hingegeben. Das machte den Austausch mit ihm als Intendantenkollegen für mich wertvoll und bereichernd. Wir konnten uns immer begegnen gleichsam wie zwei hochmotivierte Schauspieler auf einer geheimnisvoll ausgeleuchteten Bühne, die sich gegenseitig mit List und Lust ‚die Bälle zuwerfen‘ und auch ‚Mord und Todschlag‘ mit Leidenschaft spielen können, dabei aber stets wissen, dass sie sich aufeinander verlassen können.

Auch das Komische kam zwischen uns nie zu kurz. Peter Cahn hat Humor. Und was für einen! Es ist banal und wunderschön und ein wenig wehmütig zugleich, hier und jetzt schreiben zu können: Wir haben viel gelacht miteinander.

Es lebe das Theater!

Seit 2008 Intendant der Kreuzgangspiele Feuchtwangen: Johannes Kaetzler. Foto: Jürgen Reichart.

2009 – Mitglied im Deutschen Bühnenverein

Glanz und Glamour bei den Sommerfestspielen 2009! Kostümbildnerin Ursula Blüml schneidert, was das Zeug hält für „Ein Käfig voller Narren", das von Intendant Peter Cahn inszeniert wird. Gut 30 Kostüme muss sie nähen. Die Besonderheit und Schwierigkeit: In die Kleider, die sie vorbereitet, müssen Männer hinein! Denn „Ein Käfig voller Narren" ist eine Travestie-Show, in der es bunt zugeht. Frank Piotraschke spielt den Transvestiten Albin und sorgt damit für komische und berührende Momente auf der Freilichtbühne. Intendant Peter Cahn und sein Ensemble werden nach der Premiere von Oberbürgermeister Dr. Christoph Hammer und Dr. Thomas Goppel, dem Schirmherrn der Sommerfestspiele 2009, in den höchsten Tönen gelobt. In der mitreißenden Inszenierung von Edgar Wallaces Krimi „Der Hexer" ist Frank Piotraschke dieses Mal nicht als Darsteller, sondern als Regisseur aktiv.

Vorabfoto von „Ein Käfig voller Narren" mit (v. l. n. r.) Andreas Harwath, Andreas Peteratzinger und Frank Piotraschke.

Mitte Oktober 2009 entscheidet es sich, dass das Landestheater Dinkelsbühl Mitglied des Deutschen Bühnenvereins wird. Es ist ein weiterer großer Erfolg für Intendant Peter Cahn, von dem er sich eine bessere Vernetzung innerhalb der deutschen Theaterlandschaft und Werbung für sein Theater erhofft. Ein Highlight der Winterspielzeit 2009/10 ist das Kindertheaterstück „Die Abenteuer von Pettersson und Findus", mit Andreas Peteratzinger in der Rolle des alten Handwerkers und Ulrike Gronow als Kater. Im Winter wird zudem bereits fleißig vorbereitet für die Sommerfestspiele 2010, unter anderem für das Musical „Hair"...

2010 – Love and Peace

Im Juni 2010 bricht das Zeitalter des Wassermanns an. Zumindest in Dinkelsbühl, denn dort wird das Kultmusical „Hair" in einer Bearbeitung von Frank Piotraschke (Regie: Peter Cahn) gezeigt. Mit dabei ist auch ein bunter VW-Bus, vor welchem Oberbürgermeister Dr. Christoph Hammer und Intendant Peter Cahn schon im vorhergehenden Winter für die besondere Sommerinszenierung geworben hatten. Doch das Hippie-Stück „Hair" ist nicht das einzige, was die Sommerfestspiele 2010 besonders macht. Mit „Beatles an Bord" starten drei französische Flugbegleiterinnen auf einen chaotischen Flug in Richtung Paris. Ob sie und das Publikum (ihre Passagiere) dort je ankommen werden, ist mehr als fraglich... In „Die Feuerzangenbowle" geht Schriftsteller Dr. Johann Pfeiffer (mit drei fs) erneut in die Schule und in „Das Dschungelbuch" lernt Mogli den Wald und seine Bewohner kennen. Bei einer extrem gut besuchten Podiumsdiskussion zum Thema „1968 – was ist geblieben?" auf der Freilichtbühne werfen Oberbürgermeister Dr. Christoph Hammer, Intendant Peter Cahn und Gastregisseur Markus Majowski auch einen ersten Blick auf die Winterspielzeit 2010/11.

Szenenfoto von „Hair" (Regie: Peter Cahn).

Szenenfoto von „Das Dschungelbuch" (Regie: Peter Cahn).

Majowski inszeniert in der Winterspielzeit 2010/11 die Molière-Komödie „Der Geizige". Es ist für ihn bereits das zweite Mal, dass er in Dinkelsbühl arbeitet. Bereits unter Intendant Troemer war er 1987 am damals noch Fränkisch-Schwäbischen Städtetheater als Schauspieler engagiert. Zudem hat am 28.10.2010 Majowskis Soloprogramm „Icke" am Landestheater Dinkelsbühl Premiere.

Szenenfoto von „Der Geizige" (Regie: Markus Majowski).

2011 – Theater muss wie Fußball sein!

„Let's do the Time Warp again!" Im Sommer 2011 wird eine Show der Superlative auf die Bretter der Freilichtbühne am Wehrgang gezaubert. Gespielt wird das verrückte, schillernde und nicht immer jugendfreie Musical „The Rocky Horror Show" von Richard O'Brien in einer Inszenierung von Intendant Peter Cahn. In die Rolle des transilvanischen Transvestiten Dr. Frankenfurter schlüpft der Allrounder Frank Piotraschke. Bei dem Kultmusical können auch die Zuschauenden mitmachen: Das Landestheater verkauft bei den Vorstellungen Fan-Tüten mit Reis, Klopapier, einer Zeitung und weiteren Materialien. Diese werden während der Show von den Zuschauerinnen und Zuschauern verwendet. Am Ende ist die Tribüne voller Reiskörner und Klopapier. Zudem gibt es bei den Aufführungen einen Kostümwettbewerb. Die Gewinner erhalten Freikarten für den nächsten Sommer, ein Foto im Rocky-Bühnenbild und einen Cocktail. Die Inszenierung der Komödie „Die Feuerzangenbowle" wird aufgrund hoher Nachfrage erneut gespielt. Zu sehen gibt es auch „Das Wirtshaus im Spessart" und als Kinderstück „Jim Knopf und die Wilde 13".

Ich muss nicht Fußballer, sondern Schauspieler motivieren

Für die Süddeutsche Zeitung wird Intendant Peter Cahn im Jahr 2011 interviewt. Auch hier erklärt er seine Devise „Theater muss wie Fußball sein!".

Szenenfoto von „The Rocky Horror Show“ (Regie: Peter Cahn).

Szenenfoto von „Jim Knopf und die Wilde 13“ (Regie: Jürg Schlachter).

2012 – „Der nackte Wahnsinn" in Dinkelsbühl

Im Salzkammergut, da kamma gut lustig sein – und in Dinkelsbühl geht das auch! Das Landestheater zeigt bei den Sommerfestspielen im Jahr 2012 das Singspiel „Im Weißen Rössl" in seiner Urfassung. Das Stück, das vor Schuhplattlern und Ohrwürmern nur so wimmelt, wird von Frank Piotraschke inszeniert. Es handelt von dem liebeskranken Kellner Leopold, der sich in die Wirtin Josepha, seine Chefin, unsterblich verguckt hat. Leider wünscht sich die eher den adretten Herrn Dr. Siedler als Ehemann. Der sich wiederum in die Berlinerin Ottilie verliebt hat. Da ist das Liebeschaos auf der Bühne vorprogrammiert! Intendant Peter Cahn führt Regie bei der Uraufführung von Piotraschkes „Elvis – The King is back!".

„Elvis - The King is back!" (Szenenfoto); (Regie: Peter Cahn). Foto: Hans von Draminski, Landestheater Dinkelsbühl.

Die Winterspielzeit wartet unter anderem mit dem Komödienklassiker „Der nackte Wahnsinn" (Regie: Peter Cahn) von Michael Frayn auf. Das Stück handelt von einer chaotischen Tourneetheatertruppe, die aus verschiedenen Perspektiven während ihrer Aufführungen gezeigt wird.

Und wieder klappen die Türen

Landestheater Dinkelsbühl: Heute hat die Farce „Der nackte Wahnsinn" Premiere

DINKELSBÜHL (tw) – Vor bald zwei Jahren landete das Landestheater Dinkelsbühl mit der Farce „Cash on Delivery" einen Publikumshit. Jetzt kommt eine neue Meisterfarce: „Der nackte Wahnsinn" von Michael Frayn. Intendant Peter Cahn inszeniert sie. Heute um 20 Uhr hat die Produktion Premiere.

„Wem ‚Cash' gefallen hat, dem wird der ‚Nackte Wahnsinn' auch sehr gut gefallen", meint Cahn. Es gibt aber einen zentralen Unterschied für ihn: „‚Der nackte Wahnsinn' ist realistischer." Es spielt freilich dort, wo ein bisschen Wahnsinn von vorneherein dazu gehört: im Theater.

Michael Frayn ist der feinsinnigste Autor, dem eine virtuose Farce gelungen ist. Der Brite hat schon Dramen über die Physiker Niels Bohr und Werner Heisenberg geschrieben oder über Willy Brandt. Seine Übersetzungen von Tschechow-Dramen ins Englische gelten als erstklassig. 1982 hat er trotzdem mit dem „Nackten Wahnsinn" eine höhertourige Komödie geschrieben. Inzwischen eilt ihr der Ruf voraus, eines der witzigsten Stücke zu sein, die je geschrieben wurden.

Tür auf, Tür zu: In der Farce „Der nackte Wahnsinn" geht's turbulent zu, Peter Cahn inszeniert sie am Landestheater Dinkelsbühl. Foto: Draminski

Michael Frayn kam die Idee dazu Jahre zuvor, als er selbst eine Farce sah, aber nicht vom Zuschauerraum aus, sondern aus einer Bühnenseitengasse. Im „Nackten Wahnsinn" zeigt er eine Tourneetheatertruppe in drei Zuständen: Kurz vor der Premiere, bei einer Nachmittagsvorstellung – aber die von hinten betrachtet – und schließlich bei der allerletzten Aufführung, bei der das Stück schon wieder aus dem Leim geht. Was hinter den Kulissen passiert, was es an Eifersüchteleien und Befindlichkeiten im Ensemble geben mag, was sich im Theater an Pleiten, Pech und Pannen zutragen kann – Michael Frayn spielt einiges davon durch.

Peter Cahn sieht, bei aller notwendigen Überzeichnung, viel Authentisches im Stück: „Es beantwortet 99 Prozent der Zuschauerfragen zum Theater. Auch darum habe ich es gern gemacht." Harte Bühnenarbeit sei aber nötig gewesen, damit der Rhythmus, das Timing und das Tempo stimmen. Das Rein-und-raus – Tür auf, Tür zu –, ohne das eine Farce nicht vom Fleck käme, wollte mit neun Schauspielern penibel erarbeitet sein, damit das Chaos perfekt wird.

FLZ-Vorbericht von Thomas Wirth über die Farce „Der nackte Wahnsinn" (Regie: Peter Cahn), 05.12.2012.

Kommentar: Die zwei „flotten Feger“ oder: Wie der Intendant und sein Fotograf die Bühne probenfertig machten – Autor: Hans von Draminski (Fotograf am Landestheater)

Abergläubisch durfte ich damals nicht sein. Denn als ich meiner allerersten (Freilicht-)Probe als Fotograf im Dienste des Landestheaters Dinkelsbühl entgegenfuhr, kam über der Region ein heftiger Gewitterschauer herunter. Am Wehrgang angekommen, traf ich einen Peter Cahn in sanft entnervtem Zustand an, denn die Bühne war von einer mehreren Zentimeter dicken Hagelkorn-Schicht überzogen.

Spielen hätte auf diesem Untergrund niemand können, deshalb verschwand Peter in dem Verschlag unter den Zuschauerrängen, kam mit einem richtig großen Besen und einer nicht ganz so großen Schaufel zurück und begann, die unerwünschte weiße „Pracht“ (mitten im Hochsommer) von den Bühnenbrettern zu fegen. Auf die Frage „Hast Du noch einen?“ folgte ein sekundenlang irritierter Blick, ehe der stets zupackende und nicht so schnell zu verwirrende Theatermacher erneut in der Abstellkammer verschwand und einen zweiten jener breiten Besen zutage förderte.

Mit vereinten Kräften und dank minütlich zunehmender Fege-Routine war die Bühne schnell wieder sauber und Peter wusste, dass Journalisten mehr können als gelehrte Sätze zu schreiben und ab und an auf den Auslöser der Kamera zu drücken. Und ich hatte gelernt, dass sich das Landestheater als große Familie versteht, in der alle ihr Scherflein zum Gelingen beitragen. Und sei es als „flotte Feger“ wider Willen.

Hans von Draminski, Theaterfotograf am Landestheater Dinkelsbühl.

2013 – Zwei Brüder mit Sonnenbrillen

Auch im Sommer 2013 sind die Wochen voller Samstage! Das Stück „Eine Woche voller Samstage“ wird nach 2001 zum zweiten Mal auf der überdachten Freilichtbühne gespielt. Im Rahmen des Kinderstücks findet ein Malwettbewerb und ein Kinderfest statt. Doch nicht nur das lustige Wesen mit den feuerroten Haaren und den blauen Wunschpunkten ist über die Sommerfestspiele in Dinkelsbühl zu Gast. Auch die coolen Gangsterbrüder Jake und Elwood, besser bekannt als „The Blues Brothers“, bringen die Bretter der Bühne mit ihren musikalischen Talenten zum Beben. Und somit kann, laut einem FLZ-Bericht über die Premiere, die Sonnenbrillen-Saison in Dinkelsbühl beginnen. Kunstminister Dr. Wolfgang Heubisch, Schirmherr der Sommerfestspiele 2013, verspricht nach der Premiere von „Die Drei von der Tankstelle“ (Regie: Peter Cahn), dem zweiten Abendstück, die Staatshilfe für das Landestheater zu erhöhen.

Sonnenbrillen-Saison eröffnet

„Blues Brothers“ hatten im Garten am Wehrgang ihren Premierenauftritt

FLZ-Artikel vom 06.06.2013 über die Premiere von „The Blues Brothers“, inszeniert von Intendant Peter Cahn.

Vorabfoto von „The Blues Brothers" (Regie: Peter Cahn), aufgenommen vor dem Münster St. Georg.

In der Winterspielzeit 2013/14 wird das Team des Landestheaters Dinkelsbühl um Mandy Röhr (neue Regieassistenz), Julian

Niedermeyer (Ensemble) und Stefanie Steffen (Ensemble) ergänzt. Intendant Peter Cahn inszeniert zwei Episoden der bekannten Fernsehserie „Ein Herz und eine Seele“ mit Schauspieler Andreas Peteratzinger in der Rolle von „Ekel Alfred“. Im Spielplan ist auch Rezas bekannte Komödie „Der Vorname“. Sie wird von Regie-Durchstarterin Birgit Bagdahn inszeniert. Im Januar 2014 geht das Landestheater mit dem Ein-Personen-Stück „Flasche leer“, das sich mit Alkoholsucht auseinandersetzt, in die Schulen aus der Region. Der Schauspieler Thomas Tucht brachte die Inszenierung aus dem Eduard-von-Winterstein-Theater in Annaberg-Buchholz mit.

Szenenfoto von „Der Vorname“ (Regie: Birgit Bagdahn). Foto: Hans von Draminski, Landestheater Dinkelsbühl.

Dinkelsbühler Premiere von „Flasche leer“ in der Mittelschule Dinkelsbühl (Regie: Anahita Mahintorabi).

2014 – Brechts Meisterwerk auf der Freilichtbühne

Neun Statisten werden benötigt, um bei den Sommerfestspielen das Lustspiel „Kohlhiesels Töchter“ und Brechts „Die Dreigroschenoper“ auf die Freilichtbühne zu bringen. Beide Stücke werden von Intendant Peter Cahn inszeniert, ebenso wie die Revue „ABBA Hallo!“ und das Kinderstück „Die Bremer Stadtmusikanten“, das einst bereits in einem Spielplan von Troemer auftauchte. Mitte Mai stimmt das Landestheater auf den anstehenden „Summer of Love“ ein, der auf der Freilichtbühne präsentiert werden soll. Im Programm sind die bekanntesten Liebesszenen der Welt (beispielsweise aus dem Stück „Romeo und Julia“). Regie bei dem Abend, der im Innenhof des Rathauses gezeigt wird, führen Peter Cahn und Jens Heuwinkel. Der Eyecatcher der Sommerfestspiele 2014 ist sicherlich die Inszenierung der „Dreigroschenoper“, da sie Intendant Peter Cahn nicht wie gemeinhin dargestellt in London, sondern auf einem Piratenschiff spielen lässt. Thorsten Engels spielt den Ganoven Mackie Messer, der ein bisschen wie Jack Sparrow wirkt. Dazu gibt es Musik durch eine Liveband unter der Leitung von Andreas Harwath.

Szenenfoto aus „Die Dreigroschenoper“ (Regie: Peter Cahn). Foto: Hans von Draminski, Landestheater Dinkelsbühl.

Ende November 2014 feiert „Der Steppenwolf“ in einer Bearbeitung von Joachim Lux im Theater im Spitalhof Premiere. Für Peter Cahn ist es eine besondere Inszenierung, da er Hesses Roman in den 70ern in der Schule lesen musste, sich jedoch bereits damals gut mit der Hauptfigur Harry Haller identifizieren konnte. Auch komödiantische Stoffe sind wieder im abwechslungsreichen Programm, unter anderem „Männerhort“, inszeniert von Frank Piotraschke, und „Männer und andere Irrtümer“. Regie führt bei letztgenanntem Stück die Regieassistentin Mandy Röhr.

Szenenfoto von „Männer und andere Irrtümer“ (Regie: Mandy Röhr), es spielte Maike Frank. Für ihre schauspielerische Leistung erhält sie den FLZ Theaterpreis. Foto: Hans von Draminski, Landestheater Dinkelsbühl.

2015 – Skandal in Dinkelsbühl

Das Jahr beginnt nicht gut für Peter Cahn und sein Team. Schuld daran ist ein Skandal um ein Werbeplakat für das Musical „Jesus Christ Superstar“, das bei den Sommerfestspielen 2015 aufgeführt werden soll. Auf diesem sieht man den Berg Golgatha mit Jesus und zwei weiteren Gekreuzigten. Für Missfallen sorgt die Unterschrift unter den drei Gekreuzigten: „Sichern Sie sich die besten Plätze!“. Ein Satz, der ein breites Echo und einen Streit um die Frage auslöst, was Kunst darf. Zahlreiche überregionale Zeitungen berichten von dem Fauxpas, unter anderem die FAZ und das Magazin Der Spiegel. Die Fränkische Landeszeitung wird mit Leserbriefen förmlich überschwemmt. Einige fordern gar, das Stück aus dem Spielplan zu streichen. Peter Cahn entschuldigt sich bei den christlichen Gläubigen für das unglücklich gestaltete Plakat und setzt auf den Dialog zwischen Theater und Öffentlichkeit. So gestaltet er, zusammen mit Stadtpfarrer Martin Maurer, einen Rundgang durch das Münster St. Georg. Es ist nur eine von mehreren Kooperationen zwischen dem Landestheater und der Kirche in Dinkelsbühl. Das Stück bleibt trotz mancher Widerstände im Spielplan und wird ein bahnbrechender Erfolg. Thomas Wirth von der Kulturredaktion der FLZ findet die gelungene Inszenierung von Peter Cahn gar „kirchentagstauglich“. In den Hauptrollen überzeugen Thorsten Engels als Jesus, Marco Wiskandt als Judas und Beatrice Forler als Maria Magdalena.

Programmheft-Cover der Sommerfestspiele 2015.

Nachdem 2005 die Freilichtbühne erneuert wurde und 2008 mit dem Theater im Spitalhof eine neue Theaterspielstätte für die Winterspielzeiten entstanden ist, kommt es im Februar 2015 zum nächsten großen Meilenstein in der Ära von Intendant Peter Cahn: Das Theater übernimmt das Warnecke-Haus am Altrathausplatz 12, in dem sich die Schauspielerinnen und Schauspieler nun für die Aufführungen umziehen können. Vorab wurde hierzu der Turm im Künßberggarten genutzt, der bei der großen Anzahl an Darstellenden nun jedoch viel zu klein geworden war. Im Warneckehaus gibt es geräumige Garderoben für Männer und Frauen. Auch ein Aufenthaltsraum und eine Teeküche werden hier eingerichtet.

Probenstartfoto von „Jesus Christ Superstar" (Regie: Peter Cahn).

Das Landestheater erzielt in beiden Spielzeiten einen neuen Rekord – die Veranstaltungen werden von 54.554 Personen besucht.

2016 – Seymour und die fleischfressende Pflanze

„Jetzt hast du Seymour“ schallt es ab Juni 2016 über die Ränge der Freilichtbühne am Wehrgang. Peter Cahn bringt einen Off-Broadway-„Klassiker“ nach Dinkelsbühl – das Grusical „Der kleine Horrorladen“, das von einem schüchternen Blumenhändler, Seymour, erzählt, dem durch eine riesige fleischfressende Pflanze Glück und Unglück widerfährt. Urs-Alexander Schleiff inszeniert den Broadway-Hit. Auf der Bühne stehen unter anderem Andreas Peteratzinger in der Rolle des sadistischen Zahnarztes Orin Scrivello, Monika Reithofer als Audrey und Musicaldarsteller Manuel Lopez in der Rolle der „Mean Green Mother from Outer Space“, der menschenfressenden Pflanze Audrey II.

Szenenfoto von „Der kleine Horrorladen“ (Regie: Urs-Alexander Schleiff). Foto: Hans von Draminski, Landestheater Dinkelsbühl.

Im Theater im Spitalhof wird die heitere Zwei-Personen-Komödie „Zwei wie Bonnie und Clyde“ (Regie: Peter Cahn) gespielt, ebenso wie Lutz Hübners „Frau Müller muss weg“ (Regie: Johannes Lang).

Margarit Ziellenbach inszeniert die Stücke „Frohe Weihnachten, kleiner Eisbär" und mit dem Jugendclub „Viel Lärm um nichts". Auch Daniel Glattauers „Gut gegen Nordwind" steht auf dem Spielplan, Regie führt Urs-Alexander Schleiff.

Szenenfoto von „Gut gegen Nordwind" (Regie: Urs-Alexander Schleiff). Foto: Hans von Draminski, Landestheater Dinkelsbühl.

Szenenfoto von „Frohe Weihnachten, kleiner Eisbär" (Regie: Margarit Ziellenbach). Foto: Hans von Draminski, Landestheater Dinkelsbühl.

2017 – Theater als Ort der Kultur und Bildung

Am Altrathausplatz herrscht am Sonntag, den 07. Mai 2017 ein reges buntes Treiben: Verschiedene Stände sind aufgebaut, welche Waffeln, Zuckerwatte und andere Leckereien verkaufen. Das Kinderfest findet statt, anlässlich von „Der gestiefelte Kater“, dem Kinderstück der Sommerfestspiele 2017. Bereits zum siebten Mal organisiert das Landestheater zusammen mit den Kindergärten der Umgebung, der Schulvorbereitenden Einrichtung und dem Kinderschutzbund das Kinderfest. Trotz feuchten Wetters sind auch die Bastelstationen, das Zauberzelt und das Kinderschminken gut besucht.

Die Dinkelsbühler Fassung von „Der gestiefelte Kater“ hat Jürg Schlachter geschrieben, Peter Cahn inszeniert die Komödie, in der Titelrolle die Schauspielerin Monika Reithofer. Ein wandlungsreicher Thespiskarren dient als maßgebliches Bühnenbild-Element, die Handlung wird in Spanien verortet. Publikum und Presse zeigen sich begeistert.

Ein Jahrzehnt, das 2017 bei der Sommerfestspielen besonders präsent ist, ist das der 60er Jahre. Dafür sorgen die Inszenierungen der maritimen Schlager-Revue „Petticoat und Minirock“ und der Kriminalkomödie „Ein Fall für Pater Brown“. Abgerundet wird das abwechslungsreiche Programm durch die berührende Komödie „Ziemlich beste Freunde“, die von Frank Piotraschke inszeniert wird.

Ein Mega-Erfolg der Sommerfestspiele wird das erste Abendstück, das Premiere feiert - die auf einem Flussdampfer und einem Kreuzfahrtschiff angesiedelte Revue „Petticoat und Minirock“ von Hilke Bultmann und Klaus-Peter Nigey. Die Hälfte der „Schlagerette“ wird bereits vorab bei einer öffentlichen Probe gezeigt. Am Dienstag, den 30.06.2025 legt die MS Binger Loch auf der überdachten Freilichtbühne am Wehrgang ab. Mit an Bord sind ein neunköpfiges Ensemble und auch eine Live-Band. Musikalische Hits der 50er und 60er Jahre erklingen, unter anderem der „Capri-Fischer“ oder auch der berühmte Schlager „Ganz Paris träumt von der Liebe“. Dazu gibt es jede Menge ironischer Anspielungen auf die Wirtschaftswunder-Zeit. Regisseur Peter Cahn weiß am Premierenabend auch eine ernste Botschaft mit der Inszenierung zu verknüpfen: In den USA droht gerade Präsident Donald Trump mit Kürzungen der Zuschüsse für den dortigen Kulturbetrieb. Für Intendant Peter Cahn ist Theater ein wichtiger Ort für Kultur. Er betont weiterhin bei seiner Rede zum Auftakt von „Petticoat und Minirock“: „Wir als Kulturträger werden auch künftig am Theater ‚political incorrectness‘ nicht zulassen, sondern offen für alle Hautfarben oder Ausrichtungen bleiben.“

In der Wintersaison wird es „klassisch“ und modern zugleich. Zu sehen sind der Monolog „Marilyn Monroes letztes Band“, die Komödien „Eine glückliche Scheidung“ und „Manitu drückt ein Auge zu“, „Schillers sämtliche Werke... leicht gekürzt“ und das Fassbinder-Melodram „Angst essen Seele auf“. Der Seniorenclub des Landestheaters zeigt die Komödie „Die Seniorenklappe“.

Das Team von „Angst essen Seelen auf“ (Regie: Johannes Lang). Foto: Sebastian Engmann, Landestheater Dinkelsbühl.

Intendant Peter Cahn mit der Requisiten-Muskete aus seiner Inszenierung „Manitu drückt ein Auge zu“.

Das Kinderstück in der Vorweihnachtszeit ist „Arielle, die kleine Meerjungfrau“. Für Margarit Ziellenbach, Regisseurin, Schauspielerin und Theaterpädagogin am Landestheater, wird es eine ihrer Lieblingsinszenierungen bleiben. Schon vor der Premiere können sich einige Schülerinnen und Schüler der Christoph-von-Schmid-Grundschule Dinkelsbühl eine kostenfreie Probe anschauen. Für Intendant Peter Cahn ist diese bereits seit langem bestehende Kooperation zwischen Theater und Schule sehr wichtig. Das Bühnenbild von Jürgen Zinner, bemalt von der Künstlerin Claudia Emrich-Engerer, wird in „Arielle“ zu einer farbenfrohen Unterwasserwelt. Ziellenbach inszeniert effektvoll, auf der Bühne im Theater im Spitalhof sieht man eine „[m]ärchenhafte Liebesgeschichte mit einer Extraportion Sonne und Meeresstrand“ (FLZ-Artikel, 14.11.2017).

Szenenfoto aus „Arielle, die kleine Meerjungfrau" (Regie: Margarit Ziellenbach). Foto: Hans von Draminski, Landestheater Dinkelsbühl.

Neben „Arielle" wird ein weiterer Klassiker für Kinder gezeigt – dieses Mal aber auch von Kindern gespielt: Margarit Ziellenbach studiert mit Schülerinnen und Schülern der Christoph-von-Schmid-Schule „Das Dschungelbuch" ein. Im Vorfeld war das Interesse an dem Projekt bereits hoch: 43 Kinder, die in die dritte oder vierte Klasse gehen, meldeten sich. Für Ziellenbach ist die Teilnahme der Kinder in dem Theaterprojekt etwas, das einen nachhaltigen Lernfaktor hat: So werden beim Spiel Empathie und Teamfähigkeit geschult. Es folgen öffentliche und schulinterne Aufführungen.

Kommentar: Theaterpädagogik am Theater in Dinkelsbühl unter der Intendanz von Peter Cahn – Autorin: Margarit Ziellenbach (Regisseurin, Schauspielerin und Theaterpädagogin am Landestheater)

Startschuss für die Idee mit Jugendlichen bzw. Senioren Theater zu machen, war im Jahre 2008 die Produktion „Joseph and the Amazing Technicolor Dreamcoat" von Andrew Lloyd Webber. Eine Produktion in Zusammenarbeit mit dem Gymnasium Dinkelsbühl. Die Begeisterung der Schüler und die Resonanz des Publikums machten Lust auf mehr.
So entstand zunächst der Jugendclub mit Produktionen wie „Frühlingserwachen" von Frank Wedekind, „Ab heute heißt du Sarah" von Inge Deutschkron oder „Der Club der Toten Dichter".

Zwischenzeitlich hatte sich auch der Seniorenclub „Rostfrei" gegründet. Bei dem Stück „Hexenjagd" von Arthur Miller gab es eine spannende Zusammenarbeit von Jung und Alt.
Der Seniorenclub konnte auch bei Stücken wie „Die 12 Geschworenen", „Und dann gab's keines mehr", „Momo" oder dieses Jahr bei „Altweiberfrühling" begeistern. Die Experimentierfreude, der Mut und die Begeisterung der Laien hat mich immer gefreut.

Peter Cahn stand bei allen verrückten Produktionen Pate und war stets ein eine positive Stütze. Stimmen der Senioren:

„Meine schönste Erinnerung ist folgende: Wir, das Team, warteten darauf, dass sich der Vorhang für „Momo" öffnet. Peter begrüßt die Zuschauer in seiner souveränen fröhlichen Art. Da kommen noch Zuschauer, für die kein Platz mehr frei ist. Für Peter kein Grund zur Panik. Er lässt einfach Extra-Stühle aufstellen. Das Publikum ist begeistert. Wir hinter dem Vorhang auch! Es kann losgehen!"

Das Spielen von Liebesszenen ist immer ein bisschen pikant:

„Walter tat sich im Altweiberfrühling mit Shirley ein wenig schwer.

Da hat Peter mal kurz Shirleys Rolle übernommen. Lachen entspannt halt immer.“

„Mir hat er mal meine Angst vor der großen Textmenge genommen.“

Einfach auf das Rednerpult legen.

„Ich habs dann nicht gemacht, aber irgendwie war es beruhigend.“

So mancher Endprobenpanik - „Das wird doch nie was“ - hat er mit seinem Know How und seiner Erfahrung den Wind aus den Segeln genommen.

Theaterclub am Landestheater, das bedeutet nicht nur geeignete Stücke zu finden, man muss auch das Bühnenbild und die Kostüme selbst konzipieren und aussuchen, sich um Ton und Musik kümmern und nicht zuletzt das Licht planen.

Es hat immer Spaß gemacht.

Vielen Dank für das Vertrauen.
Margarit Ziellenbach

Seit 2001 am Theater in Dinkelsbühl aktiv: Regisseurin, Schauspielerin und Theaterpädagogin Margarit Ziellenbach. Foto: Felix J. Mohr, Landestheater Dinkelsbühl.

2018 – Ein Traum wird wahr

Bei den Sommerfestspielen 2018 wird für den Intendanten des Landestheaters ein Traum wahr: Peter Cahn inszeniert die Theaterversion von Lothar-Günther Buchheims „Das Boot". Für eine authentische Darstellung baut das Landestheater eine riesige U-Boot-Attrappe. Es ist das erste Mal überhaupt, dass dieses Stück auf einer Freilichtbühne gezeigt wird. Schauspieler Bernd Berleb, der im gleichen Jahr zuvor schon mit dem FLZ Theaterpreis ausgezeichnet wird, spielt den Kommandanten, der im Film von Jürgen Prochnow verkörpert wird. Eine weitere Besonderheit ist neben dem Bühnenbild auch der Einsatz eines Schlagzeugers. Roland Bergdolt erzeugt mit Percussion den Live-Sound, das Publikum taucht ein in den klaustrophobischen Mikrokosmos an Bord eines deutschen U-Boots aus dem Zweiten Weltkrieg.

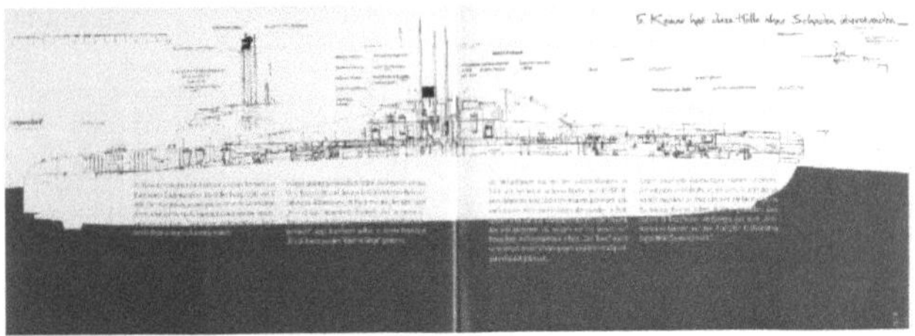

Ausschnitt aus dem Spielzeitflyer der Sommerfestspiele 2018. Dargestellt ist der Längsschnitt eines deutschen U-Boots aus dem Zweiten Weltkrieg.

Das Ensemble beim Probenbeginn von „Das Boot“ (Regie: Peter Cahn).

Mitte Mai stellt sich das Sommerensemble dem Publikum bei den „Seefestspielen“ am Rothenburger Weiher vor. 100 Personen dürfen verschiedenen Hits lauschen, die von Ensemblemitgliedern präsentiert werden.

Peter Cahn freut sich über den vielseitigen Spielplan, den er zusammen mit seinem Team erstellt hat. Dazu gehört neben „Das Boot“ auch das Stück „The King's Speech“ (Regie: Peter Cahn), in dem es um den stotternden englischen König Georg VI. (gespielt von Bernd Berleb) und seinen Sprachtherapeuten Lionel Logue (Andreas Peteratzinger) geht, sowie die 70er-Jahre-Revue „Und es war Sommer“ (Regie: Peter Cahn) von Hilke Bultmann. Als Kinderstück wird das humorvolle Stück „Aladdin“ (Regie: Jürg Schlachter) gezeigt, unter anderem mit einer farbenfroh geschminkten Maike Frank, die den Dschinnie verkörpert.

Intendant Peter Cahn und Regisseur Jürg Schlachter bei der „Aladdin"-Probe.

Szenenfoto von „Aladdin" mit Maximilian Westphal (Aladdin) und Maike Frank (Dschinnie). Foto: Hans von Draminski, Landestheater Dinkelsbühl.

Das Landestheater spielt im Theater im Spitalhof unter anderem Ray Cooneys „Taxi, Taxi“ (Regie: Peter Cahn), die französische Komödie „Das Abschiedsdinner“ (Regie: Johannes Lang) und der Seniorenclub zeigt „Paartherapie to go“ (Regie: Margarit Ziellenbach). Fast 14.000 Besucherinnen und Besucher hat das Landestheater in der Winterspielzeit – das ist ein Rekord, über den sich Intendant Peter Cahn besonders freut.

Szenenfoto von „Taxi, Taxi“ (Regie: Peter Cahn). Foto: Hans von Draminski, Landestheater Dinkelsbühl.

2019 – Trends im Sommer und Winter

Der Sommer 2019 wartet mit vielen tollen Stücken auf: Uraufgeführt wird Jürg Schlachters Schlagerrevue „Sommer, Sonne, 79“. Gesungen werden Hits der 70er, unter anderem von Udo Jürgens, Ireen Sheer und Howard Carpendale. Weiterhin zeigt das Landestheater die Komödie „Willkommen bei den Hartmanns“ und das berührende Stück „Honig im Kopf“, inszeniert von Gastregisseur Axel Weidemann.

Komödiantisch wird es im Winter mit Mary Chases „Mein Freund Harvey“ (Regie: Peter Cahn) und „Timur Vermes‘ Satire „Er ist wieder da“ (Regie: Jürg Schlachter). Allerdings gibt es auch einige tragischere Stücke im Spielplan, zum Beispiel „Rain Man“ (Regie: Peter Cahn).

Das Ensemble von „Rain Man“ (Regie: Peter Cahn).

Wer hat Angst vorm weißen Mann (Ensemble); (Regie: Jürg Schlachter).

Szenenfoto von „Willkommen bei den Hartmanns“ (Regie: Peter Cahn). Foto: Hans von Draminski, Landestheater Dinkelsbühl.

2020/2021 – Pandemiejahre

Im Frühjahr 2023 heißt es zunächst: Abwarten. Die Corona-Pandemie beginnt, die wohl größte Krise für die Kulturbranche in den vergangenen Jahrzehnten. Am Landestheater sind im März schon zwei Stücke für den Sommer vorgeprobt, was Intendant Peter Cahn zuversichtlich stimmt, den Theaterbetrieb am Laufen zu halten. Am 11.05.2020 trifft die ersehnte und angefragte Ausnahmeregelung des Ansbacher Landratsamts ein – das Landestheater darf unter Auflagen während des Sommers spielen. Damit ist das Landestheater das erste Theater in Bayern, das wieder Stücke zeigt. Das Publikum ist freilich um einiges kleiner, denn es müssen Abstände zwischen den Sitzplätzen eingehalten werden. Zwei Inszenierungen werden im Sommer trotz aller Widrigkeiten auf die Bühne gebracht: Das Kindermusical „Der kleine Vampir“ wird von Jürg Schlachter inszeniert, „Pension Schöller“ als einziges Abendstück von Peter Cahn. Ein großer Erfolg in einer Zeit, die schwerer nicht sein könnte.

In der Wintersaison setzt Peter Cahn wegen der Ansteckungsgefahr auf drei Dramen mit kleiner Besetzung: „Macho Man“, „Wenn du geredet hättest, Desdemona“ und als Kinderstück „Clown in der Klemme“.

Szenenfoto von „Macho Man“ (Regie: Peter Cahn). Foto: Hans von Draminski, Landestheater Dinkelsbühl.

Janina Lisa Dötterl in „Wenn du geredet hättest, Desdemona" (Regie: Margarit Ziellenbach). Foto: Hans von Draminski, Landestheater Dinkelsbühl.

Auch im Sommer 2021 entscheidet sich der Intendant für Stücke, die mit einem Schauspieler/einer Schauspielerin auskommen. Gespielt wird zum Beispiel „Allein in der Sauna" von Frank Pinkus in einer Inszenierung von Peter Cahn. Die Inszenierungen von „Macho Man" und „Clown in der Klemme", die bereits im Winter im Theater im Spitalhof zu sehen waren, werden wiederaufgenommen.

Die Winterspielzeit 2021/22 kann wieder ein breiteres Programm bieten. Zu sehen ist hier beispielsweise „Der Weibsteufel", das erste Stück, in dem Mario Rolf Brutschin und Simon Fleischhacker als neue Ensemblemitglieder am Landestheater mit von der Partie sind.

Maike Frank in „Clown in der Klemme“ (Regie: Peter Cahn).

Simon Fleischhacker (links), Janina Lisa Dötterl und Mario Rolf Brutschin in „Der Weibsteufel“ (Regie: Peter Cahn).

Kommentar: Seit 24 Jahren Schauspielerin am Theater in Dinkelsbühl – Autorin: Maike Frank (Schauspielerin am Landestheater)

2001, also vor 24 Jahren, habe ich mich am Fränkisch-Schwäbischen Städtetheater in Dinkelsbühl beworben.

Peter Cahn stellte sein Startensemble für seine Intendanz in Dinkelsbühl zusammen. Das Vorsprechen fand in Augsburg statt, wo er zu dieser Zeit Intendant des Kinder- und Jugendtheaters war. Alles lief gut und im September 2001 begann ich mein erstes festes Engagement mit einem Einjahresvertrag in Dinkelsbühl.

Dinkelsbühl war damals ein verschlafenes, wunderschönes und mir völlig unbekanntes Städtchen. Bei der Wohnungssuche geriet ich auf dem Weinmarkt in die Tänze der Jugend und war erstaunt, was hier alles los sein kann. Über dem damaligen Ladengeschäft Greifen Kunstgewerbe fand ich eine kleine hübsche Wohnung.

Die Anfänge von Peter Cahns Intendanz waren eine sehr intensive, aufregende und arbeitsreiche Zeit. Wir probten in einem kleinen, alten und renovierungsbedürftigen Gebäude, welches im Winter bitterkalt und feucht war. Wir spielten in der Schranne, dem Städtischen Festsaal, der sich nicht als Theater eignete, und es gab im Grunde kein Publikum mehr, welches kam. Wir waren aber ein junges, sehr motiviertes Ensemble, mit großer Spielfreude, und gewannen so die Herzen der übriggebliebenen Zuschauer und neue kamen dazu.

Wenn ich an diese Zeit zurückdenke, habe ich das Gefühl nichts anderes als Theater gemacht und abends in der guten „Goldenen Gans“ bei Uschi und Hank gesessen zu haben. Egal, um wie viel Uhr wir von unseren Gastspielen zurückkamen, sie hatten immer eine Kleinigkeit zu Essen und ein Gläschen Wein für uns.

Damals gab es keine professionellen Kostüm- und Maskenbildner*innen und einen einzigen Techniker, der für alles zuständig war, sowie eine Dramaturgin, die auch für die Öffentlichkeitsarbeit verantwortlich war. Wir suchten unsere Kostüme und Requisiten im Fundus zusammen, schminkten uns so gut wir konnten und ab ging es auf die Bühne.

Diese Art zu arbeiten war sehr anstrengend, hatte aber auch etwas sehr Verbindendes und Intensives.

Peter Cahn schaffte es, uns voranzutreiben, besser werden zu lassen und somit schuf er die Möglichkeit, auch die Umstände zu verbessern. Schritt für Schritt.

Wenn ich sehe, was aus diesem kleinen Theater geworden ist, wie professionell wir auf allen Ebenen mittlerweile arbeiten und was für tolle Häuser wir mit dem festen Haus im Winter und der Freilichtbühne im Sommer haben, freue ich mich einfach und bin auch ein wenig stolz, denn ich glaube, unsere Beharrlichkeit und der Wille wirklich hart zu arbeiten in den Anfängen von Peter Cahns Intendanz haben den Grundstein dafür gelegt.

Aus einem Einjahresvertrag sind 24 Jahre geworden und ich fühle mich nach wie vor sehr verbunden mit diesem Theater.

Mit Peter Cahn als Regisseur habe ich 44 Produktionen gemacht, insgesamt 93.

Natürlich gibt es Stücke, die mir ganz besonders im Kopf geblieben sind: „Woyzeck“ war eine der Produktionen mit Peter Cahn, in der wir das erste Mal Kostüm und Bühnenbild professionell aus einer Hand hatten. Das unterstützte eine wunderbare Inszenierung. „Fräulein Smillas Gespür für Schnee“ bleibt mir besonders im Kopf, weil ich die Titelrolle noch hochschwanger mit dickem Bauch gespielt habe. Ebenso Baghira aus „Das Dschungelbuch“, wo das Kostüm am Ende einfach nicht mehr passte. Was das angeht, hat sich für mich der Kreis dieses Jahr geschlossen, da meine nun schon 13-jährige Tochter in dem Stück „Das perfekte Geheimnis“ meine Bühnentochter eingesprochen hat. Sehr außergewöhnlich waren natürlich meine Solostücke für mich: „Männer und andere

Irrtümer", für das ich den Theaterpreis der Fränkischen Landeszeitung bekommen habe, und das Clownstück „Clown in der Klemme". Eine Arbeit, die für mich ganz neu war und eine wunderbare Erfahrung.

Ich habe hier Rollen gespielt, für die ich zu jung war, für die ich zu alt war, auf die ich genau passte oder auch nicht. Frauen- und Männerrollen. Ich habe alle Vogelarten von der Gans, über die Elster, den Raben, ein Huhn, eine Taube oder den Albatros aus „Die kleine Meerjungfrau" gespielt. Das Kindertheater hat mir die Möglichkeit gegeben, alle Hauptfiguren von Astrid Lindgren zu spielen und ist über die Jahre zu meinem Steckenpferd geworden. Eine Arbeit, die mir ganz besonders am Herzen liegt.

Peter Cahns Vertrauen in mich und seine immerwährende Loyalität mir gegenüber, auch in Zeiten, die mal schwierig waren, haben mich immer motiviert und gezeigt, wie ein Arbeitsverhältnis über so lange Zeit bestehen und immer noch produktiv, kreativ und voller Freude sein kann. Ich spüre eine große Verbundenheit und ebenso große Loyalität ihm und dem Haus gegenüber. Er hat dieses Haus geprägt und immer vorangetrieben und, was wirklich erstaunlich ist, er war immer da, immer!

Dinkelsbühl und dieses Theater sind für mich Heimat geworden, wie auch für meine Tochter. Wir sind hier sehr verwurzelt und die Tänze der Jugend sind für meine Tochter natürlich fester Bestandteil der Kinderzeche.

Ich wünsche mir für dieses Theater, dass es sich immer weiterentwickeln darf, kreativ und lustvoll gearbeitet werden kann und unsere tollen Zuschauer sich freuen über die Stücke, die sie sehen.

Ich wünsche mir von Herzen, hier weiter arbeiten und leben zu können, denn dieses Theater ist seit 24 Jahren mein Leben.

Seit 24 Jahren Schauspielerin am Theater in Dinkelsbühl: Maike Frank. Foto: Miriam Locher, Landestheater Dinkelsbühl.

2022 – Es geht aufwärts!

Erstmals bietet das Landestheater nach der Corona-Pandemie wieder ein größeres Programm bei den Sommerfestspielen an. Zu sehen gibt es 2022 die Revue „Ich will Spaß oder wo bitte ist die Fernbedienung?“ (Regie: Peter Cahn), die Komödie „Monsieur Claude und seine Töchter“ (Regie: Axel Weidemann), eine mitreißende Musical-Gala (Regie: Marco Wiskandt) und „Robin Hood“ (Regie: Jürg Schlachter).

Werbefoto vor den Trapezschildern vom Wörnitztor. Zu sehen sind (v. l. n. r.) Diana Barth, Claudia Roth, Andreas Peteratzinger, Mario Rolf Brutschin, Janina Lisa Dötterl und Simon Fleischhacker.

Szenenfoto von „Robin Hood“ mit Maike Frank und Mario Rolf Brutschin (Regie: Jürg Schlachter). Foto: Richard Schönherr.

Leseprobe von „Monsieur Claude und seine Töchter" (Regie: Axel Weidemann). Foto: Miriam Locher, Landestheater Dinkelsbühl.

Im Winter zeigt das Landestheater ebenfalls spannende Stücke wie „Monsieur Ibrahim und die Blumen des Koran" (Regie: Peter Cahn), Ray Cooneys „Funny Money! – Geld stinkt nicht" (Regie: Peter Cahn) und die Komödie „Die Niere" (Regie: Tom von der Isar).

Julian Trostorf in „Monsieur Ibrahim und die Blumen des Koran (Regie: Peter Cahn). Foto: Hans von Draminski, Landestheater Dinkelsbühl.

Diana Barth und Simon Fleischhacker in „Die Niere" (Regie: Tom von der Isar). Foto: Hans von Draminski, Landestheater Dinkelsbühl.

2023 – Unterhaltung der Extraklasse

Eine Person, die sich zu Beginn des Jahres ganz besonders freuen darf, ist die Kostümbildnerin Elvira Freind. Sie gewinnt 2023 den FLZ Theaterpreis, der jährlich an eine oder mehrere Persönlichkeiten des Dinkelsbühler Theaters vergeben wird. Freinds Kostüme würden den Figuren einen ganz eigenen Charakter verleihen, lobt Oberbürgermeister Dr. Christoph Hammer in der Laudatio. Elvira Freind entwarf bis dato bei 26 Produktionen am Landestheater die Kostüme. Weitere sollten folgen.

Im Sommer 2023 gibt es altbekannte und neue Gesichter am Landestheater: Der Musicaldarsteller Marcel Kaiser gibt sein Schauspieldebüt in Dinkelsbühl, die Kostümdesignerin Gesa Gröning entwirft für das Landestheater erstmals Kostüme. Dem Publikum bekannte Gäste, die sich einer besonders hohen Beliebtheit beim Publikum erfreuen, sind Teil der Sommerfestspiele, zum Beispiel Claudia Roth, Knut Fleischmann und Janina Lisa Dötterl. Gezeigt wird ein bunter und sorgsam ausgewählter Mix aus bester Abendunterhaltung, zum Beispiel die 1960er-Revue „Komm, gib mir deine Hand“ und „ABBA Klaro“. Beide Stücke werden von Intendant Peter Cahn inszeniert.

Szenenfoto von „Komm' gib mir deine Hand“ (Regie: Peter Cahn). In der Generalprobe, bei dem das Foto entstand, sprang Peter Cahn

für den erkrankten Marcel Kaiser ein. Foto: Hans von Draminski, Landestheater Dinkelsbühl.

Szenenfoto von „Abba Klaro!“ (Regie: Peter Cahn). Foto: Hans von Draminski, Landestheater Dinkelsbühl.

Der Winter hält viele erfolgreiche Produktionen bereit, unter anderem das Kinderstück „Ein König zu viel“ oder die Satire „Extrawurst“, beide inszeniert von Juliane Abt. Gegen Ende der Winterspielzeit 2023/24 erhalten drei Dinkelsbühler Schulen die Möglichkeit, drei kostenfreie Vorstellungen von „Extrawurst“ zu besuchen. Das Team des Landestheaters und Oberbürgermeister Dr. Christoph Hammer möchten damit auch die junge Generation für das Medium Theater begeistern. Im Anschluss an die Vorstellungen besprechen Regisseurin Juliane Abt und Dramaturg Felix J. Mohr die Inszenierung mit den Schülerinnen und Schülern.

Nach den Pandemiejahren geht man wieder öfter ins Dinkelsbühler Theater: 45.800 Personen besuchen die Sommerfestspiele 2023 und die Winterspielzeit 2023/24.

Szenenfoto von „Ein König zu viel“ (Regie: Juliane Abt) mit Maike Frank (links) und Eva Paulina Loska. Foto: Hans von Draminski, Landestheater Dinkelsbühl.

Szenenfoto von „Extrawurst“ (Regie: Juliane Abt) mit (v. l. n. r.) Mario Rolf Brutschin, Lena Matthews-Noske, Jan Fritz Meier und Cem Göktas. Foto: Hans von Draminski, Landestheater Dinkelsbühl.

Neu im Ensemble ist seit der Winterspielzeit 2023/24 auch Schauspieler Jan Fritz Meier. Er überzeugt seitdem in jeder einzelnen Produktion, in der er involviert ist. In der Winterspielzeit

2023/24 sind das gleich vier: Die Liebeskomödie „Eine Sommernacht“ (Regie: Margarit Ziellenbach), die Komödie „Gemischtes Doppel“ (Regie: Peter Cahn), das Manager-Drama „Top Dogs“ (Regie: Peter Cahn) und die Satire „Extrawurst“.

Kommentar: Das Kostümbild unter der Intendanz von Peter Cahn – Autorin: Elvira Freind (Kostümbildnerin)

Mein Weg als Kostümbildnerin am Landestheater Dinkelsbühl begann im Sommer 2019. Bereits bei meinem ersten Besuch verliebte ich mich in die malerische Altstadt – ein Ort voller Charme und Inspiration, der mich sofort in seinen Bann zog.

Am 24. Juli 2019 stellte ich mich Herrn Peter Cahn vor. Es war ein heißer Sommervormittag, und ich war nervös. Doch Herr Cahn begegnete mir mit einem strahlenden Lächeln, einem blauen Hawaii-Hemd und einer herzlichen, offenen Ausstrahlung. Ein Intendant in einem Hawaii-Hemd? Das hatte ich noch nie erlebt! Diese unkonventionelle, sympathische Begegnung ermutigte mich, authentisch und offen zu sein, und hinterließ einen bleibenden Eindruck.

Unser Gespräch verlief gut, und obwohl ich aufgeregt war, fühlte ich mich von Herrn Cahn respektiert und verstanden. Mit einem klaren Ziel vor Augen entschied ich mich, in Dinkelsbühl als Kostümbildnerin einen neuen Weg zu gehen. Wenige Wochen später erhielt ich den ersehnten Anruf von Frau Grüner: Ich war Teil des Teams.

Im Herbst 2019 begann ich mit meinen ersten Produktionen, darunter „Mein Freund Harvey“ und „Rain Man“. Die Arbeit brachte spannende Herausforderungen mit sich und bot mir die Möglichkeit, mich künstlerisch weiterzuentwickeln. Herr Cahn unterstützte mich dabei stets mit seiner positiven und realistischen Art. Er schuf ein Arbeitsumfeld, das Kreativität förderte und Raum für eigene Ideen ließ.

Das Theater hatte bereits eine beeindruckende Aufbaugeschichte hinter sich. Unter Peter Cahns Leitung wurden viele Verbesserungen vorgenommen, darunter die Erneuerung und Organisation des Kostümfundus. Dies war ein bedeutender Schritt, da der Bereich zu dieser Zeit noch keine eigenständige Abteilung hatte. Diese strukturellen Fortschritte erleichterten meine Arbeit enorm und spiegelten Herrn Cahns Engagement für nachhaltiges

Arbeiten wider. Im Kostümbereich achteten wir stets darauf, Materialien wiederzuverwenden und kreativ weiterzuverarbeiten.

Das Ziel war klar: Die Kostüme sollten den Inhalt der Stücke unterstützen, die Figuren für das Publikum klar definieren und die Geschichte greifbar machen. Dieses Konzept entsprach nicht nur meinem künstlerischen Anspruch, sondern auch der Vision von Herrn Cahn, Theater als Ort des Verständnisses und der Freude zu gestalten.

Die Zusammenarbeit mit Herrn Cahn war von gegenseitigem Respekt geprägt. Sein oft zitiertes Motto „Theater muss wie Fußball sein!" war eine Leitlinie, die unsere Arbeit definierte. Obwohl ich kein Fußballfan bin, verstand ich schnell, was er meinte: Jede*r im Team hatte eine entscheidende Rolle, und nur durch gemeinsame Anstrengungen konnten wir die Magie des Theaters erschaffen.

Unter der Leitung von Peter Cahn – auch als Regisseur – wurde das Theater zu einem Ort der Kreativität, Freude und Zusammenarbeit. Er brachte Humor, Spontaneität und eine klare Vision mit. Besonders betonte er immer wieder, wie wichtig es sei, Theater als einen Ort zu gestalten, an dem Menschen neue Energie tanken und Glücksmomente erleben können.

Diese Zeit war für mich nicht nur beruflich, sondern auch persönlich prägend. Ich bin dankbar, Teil dieses besonderen Kapitels des Landestheaters Dinkelsbühl gewesen zu sein und meinen Beitrag zu einem großartigen Team geleistet zu haben.

Kostümbildnerin, seit 2019 auch am Landestheater: Elvira Freind. Foto: Felix J. Mohr, Landestheater Dinkelsbühl.

2024 – Ein neuer Besucherrekord!

Man merkt, dass die Corona-Pandemie vorbei ist, denn das Publikum strömt ins Landestheater wie nie zuvor. Das liegt natürlich auch an den Stücken, die im Sommer 2024 gezeigt werden. Der Erfolgshit der Sommerfestspiele 2024 ist die 80er-Jahre-Doppelhaus-Revue „Skandal im Sperrbezirk“ von Kerstin Krefft. 9.877 Personen besuchen die Inszenierung, das Stück wird 29-mal gezeigt. Regie führt Intendant Peter Cahn. Die Freilichtbühne am Wehrgang wird zu einer Doppelhaushälfte, wie sie in den 80ern typisch ist. Zwei Familien wohnen nebeneinander, ihr Schicksal ist so eng miteinander verknüpft wie damals West- und Ostdeutschland. Und deshalb werden die beiden Gärten der Häuser zu Beginn des zweiten Teils ebenfalls von einer Betonmauer durchtrennt, nachdem ein Skandal die Familienbande verwüstet. „Skandal im Sperrbezirk“ ist vor allem eins: Ungemein lustig! Dafür sorgen nicht zuletzt die Darstellerinnen und Darsteller durch feine Mimik und zahlreiche Anspielungen auf die Zeit der 80er.

Auch die weiteren Inszenierungen kommen gut an. Peter Cahn und sein Team haben die lang ersehnten Rechte für „Die Biene Maja“ bekommen. Jürg Schlachter inszeniert eine bunte Blumenwiese voller Abenteuer und lustiger Gestalten. Maike Frank und Margarit Ziellenbach sind in der Neuauflage von „Arsen und Spitzenhäubchen (Arsenic and Old Lace)“ erneut in den Rollen der mörderisch komischen Brewster-Schwestern Abby und Martha zu sehen. Und für die Produktion „Brandheiß – Gelöscht wird später“ lernt das Ensemble innerhalb kürzester Zeit und unter Anleitung der Choreografin Gloria Veit professionellen Pole Dance. Im Rahmen dieses Stücks veranstalten Stadt und Theater eine Sondervorstellung für die örtlichen Feuerwehren – zum Dank für deren stetige Einsätze. Außerdem wird ein Feuerwehrkalender mit Fotos von den Freiwilligen Feuerwehrfrauen und -männern Dinkelsbühls gestaltet, als besonderes Kooperationsprojekt zwischen dem Landestheater, der Stadt und der Freiwilligen Feuerwehr in Dinkelsbühl. Am Ende der Sommerfestspiele erreicht das Landestheater einen neuen Zuschauerrekord: Über 37.000 Zuschauerinnen und Zuschauer sehen sich die Inszenierungen auf der Freilichtbühne am Wehrgang an.

Tragen Hut und Sonnenbrille im coolen Udo Lindenberg-Style: Mario Rolf Brutschin (links) und Marcel Kaiser in der Revue „Skandal im Sperrbezirk" (Regie: Peter Cahn). Foto: Felix J. Mohr, Landestheater Dinkelsbühl.

Das große Finale der „Biene Maja" (Regie: Jürg Schlachter). Foto: Hans von Draminski, Landestheater Dinkelsbühl.

Auch die Winterspielzeit 2024/25 wird überaus erfolgreich: Mehr als 10.500 Besucherinnen und Besucher zählt sie, Gastspiele nicht mitgerechnet. Auf dem Spielplan stehen vor allem Komödien, zum Beispiel „Die Wunderübung" (Regie: Peter Cahn), „Nein zum Geld!" (Regie: Juliane Abt) oder „Wie angelt man sich einen Feministen?" (Regie: Axel Weidemann). Regieassistent Knut-Alexander Höhn feiert sein professionelles Regiedebüt mit dem Klassenzimmerstück „Name: Sophie Scholl" und wird dafür prompt mit dem FLZ Theaterpreis belohnt. Das erfolgreichste Stück der Saison wird die berühmte „Handy"-Komödie „Das perfekte Geheimnis" (Regie: Peter Cahn). „Das perfekte Geheimnis" erzählt von einem Abend, der eskaliert: Befreundete Paare treffen sich zu einem gemütlichen Dinner. Nachdem eine der Anwesenden jedoch ein Spiel vorschlägt, bei dem alle ihre Handys auf den Tisch legen, alle eingehenden Nachrichten gezeigt und alle Anrufe mitgehört werden müssen, kommen zahlreiche Geheimnisse ans Licht. Es stellt sich heraus: Hier hat jeder und jede ein oder mehrere Geheimnisse! Aufgrund der hohen Nachfrage gibt es Anfang April 2025 zwei Zusatzvorstellungen von der Komödie. Das Leitungsteam um Intendant Peter Cahn, Dramaturg und Pressereferent Felix J. Mohr und Disponentin Juliane Abt darf auf eine herausragende Spielzeit zurückblicken.

Szenenfoto von „Das perfekte Geheimnis" (Regie: Peter Cahn). Foto: Hans von Draminski, Landestheater Dinkelsbühl.

Yannik Dirksen (Zwerg Nase) und Claudia Roth (Köchin) in „Zwerg Nase“ (Regie: Knut-Alexander Höhn). Foto: Hans von Draminski, Landestheater Dinkelsbühl.

Für die Sommerfestspiele 2025 läuft der Kartenvorverkauf auf Hochtouren: Anfang April sind bereits über 25.000 Karten verkauft, so schnell wie noch nie zuvor.

Kapitel 3: Das Elfmeterschießen – Die Sommerfestspiele 2025

„Wir zeigen ein Begeisterungstheater!“ - Ein Interview mit Intendant Peter Cahn

Felix J. Mohr: Lieber Herr Cahn, dieses Buch trägt den Titel “Theater muss wie Fußball sein!”. Ein Satz, den Sie am Theater in Dinkelsbühl geprägt haben. Warum muss Theater denn wie Fußball sein?

Peter Cahn: Ich bin ja ein großer Fußballfan, habe selbst Fußball gespielt und schau heute noch die Bundesliga und die Champions League an. Und ich finde, dass Theater etwas haben sollte, das so spannend ist wie ein Champions League- oder Bundesliga-Finale. Dass man nicht weiß, wie es ausgeht, dass es wahnsinnig interessant ist und man mitfiebern kann. Dass die Menschen auf den Rängen im Stadion begeistert mitgehen. Das wünsche ich mir immer für Theater. Weil für mich Theater Emotion ist und wir Theaterleute müssen es schaffen, diese Emotionen wachzurufen, diese Emotion über zwei Stunden hin hochzuhalten. Sodass die Menschen auch nach dem Theaterstück nicht nur über den Inhalt sprechen, sondern auch das Gefühl mitnehmen. Und deswegen, finde ich, muss Theater wie Fußball sein.

Felix J. Mohr: Auch wenn so mancher denken mag, Sie waren schon immer Intendant am Theater in Dinkelsbühl, wann hat Ihre Leidenschaft für das Theater begonnen und wo waren Sie vor Dinkelsbühl tätig?

Peter Cahn: Meine Leidenschaft hat begonnen, als ich 17 oder 18 Jahre alt war. Da habe ich mit Freunden auf dem Gymnasium in Oberursel im Taunus alle drei Monate ein Theaterstück in unserer Schulaula auf die Beine gestellt. Wir waren weniger im Mathematik-, Chemie- oder Physikunterricht, sondern meistens auf den Proben auf der Bühne. Und da hat eigentlich meine große Theaterleidenschaft angefangen. Da war mir klar: Ich will

Schauspieler werden. Ich war dann tatsächlich auf einer Schauspielschule und hatte mein erstes Engagement am Staatstheater Mainz. Für kurze Zeit war ich an einem Privattheater in Frankfurt tätig und habe außerdem noch in New York eine Fortbildung gemacht. Anschließend war ich am Nationaltheater Mannheim als Schauspieler engagiert. Da war ich fünf Jahre und bin danach ans Schauspielhaus nach Dortmund gewechselt. Dort war ich ebenfalls fünf Jahre. Das waren zehn Jahre, wo ich sehr, sehr viel gespielt habe als Schauspieler und auch ab und zu inszenieren durfte. Aber nach diesen zehn Jahren war es so, dass ich dachte: Puh, Schauspielerei ist ja wirklich sehr schön, aber ich hab zu viele eigene Ideen, wie Stücke aussehen könnten. Ich glaube, ich mache doch besser und lieber Regie. Ich bin dann zur Regie gewechselt und habe auf Freilichtbühnen und Indoor inszeniert. Ab 1996 habe ich die Intendanz des Jungen Theaters in Augsburg übernommen. Neben dem Staatstheater Augsburg ist es das einzige Theater in der damaligen Zeit gewesen, das in Augsburg städtisch und staatlich subventioniert wurde. Das habe ich fünf Jahre sehr gerne gemacht und habe dort auch sehr eng mit dem Geschäftsführer zusammengearbeitet, sodass ich einen guten Einblick in die Aufgabenfelder der Geschäftsführung und des Managements bekam. Das sind meine Stationen gewesen, bevor ich nach Dinkelsbühl kam. Und in Dinkelsbühl blieb es ja auch nicht „nur" bei Dinkelsbühl. Ich war sechs Jahre der künstlerische Leiter der Scherenburgfestspiele Gemünden, die mit 20.000 bis 25.000 Zuschauern pro Jahr eine lokale Größe in der Region Würzburg sind. An all diese Stationen denke ich gerne zurück und aus denen schöpfe ich auch immer noch.

Felix J. Mohr: Was war das allererste Stück, das Sie gespielt haben?

Peter Cahn: Am Profitheater war das am Theater in Mainz „Das tapfere Scheiderlein". Da habe ich auch meine erste Hauptrolle gespielt: Natürlich das Schneiderlein. Und das habe ich sehr geliebt, die Kämpfe in der Inszenierung durfte ich selbst choreografieren. Es war toll, dass ich schon damals vom damaligen Intendanten, der mich immer sehr mochte, gefragt wurde: Peter, du magst doch immer so Action und so Zeug. Dann mach du doch die Kämpfe. Und er hatte damals schon zu mir gesagt, als ich diese Kämpfe inszeniert habe: Möchtest du nicht Regie machen? Du kannst ja Regieassistent bei mir werden und danach Regie machen. Und damals habe ich gesagt: Nein, ich bin Schauspieler. Heute denke ich: Mann, der Herr hatte gar nicht so unrecht gehabt.

Felix J. Mohr: Und die erste eigene Inszenierung?

Peter Cahn: Das war J. B. Priestleys „Ein Inspektor kommt", das ich in Mannheim inszeniert habe. Das ist jetzt fast vierzig Jahre her.

Felix J. Mohr: Seit über 24 Jahren sind Sie Intendant am Dinkelsbühler Theater. Und in dieser Zeit sind viele Neuerungen entstanden. Neue Bühnen wurden gebaut, das Theater wurde zur Landesbühne erhoben und Mitglied im Deutschen Bühnenverein. Voraussichtlich werden bei den Sommerfestspielen 2025 erstmals über 40.000 Zuschauer zu den Vorstellungen kommen. Haben Sie das von Anfang an alles so geplant?

Peter Cahn: Als Intendant sollte man immer einen Plan haben oder einen Weg, den man gehen will. Und für mich war der Weg immer ganz klar in die Professionalisierung, auch in die räumliche Professionalisierung, und in eine Stabilisierung in der Stadt. Als ich hier ankam, war das alles nicht gegeben. Das ist mit den Neubauten gelungen, das ist mit dem Eintritt in den Bühnenverein gelungen. Das sind schon viele Dinge, die ich mir vorgenommen hatte, die ich auch an den großen Theatern kennengelernt hatte. Die sind verwirklicht worden. Dass natürlich andere Dinge auch bedingt durch die Größe des Theaters und der Stadt nicht so weitergingen, das ist nunmal so. Bis zum 50-Millionen-Etat, den andere Theaterhäuser in größeren Städten haben, braucht es dann noch etwas.

Felix J. Mohr: Von den Anfängen 2001 bis jetzt hat sich also, zusammengefasst, einiges getan.

Peter Cahn: Ja, es sind Quantensprünge passiert! Angefangen habe ich hier in einer ganz anderen Situation. Geprobt wurde in einer abrissreifen Bürstenfabrik, die Theaterverwaltung waren nur eineinviertel Kräfte in einem halben Zimmer im Rathaus. Das hat sich jetzt natürlich ausgeweitet, bedingt dadurch, dass wir vom Theater geliefert haben. Wir haben Zuschauerzahlen geliefert. Im ersten Sommer waren es 14.800. Wir sind schnell auf die 20.000 gesprungen und diesen Sommer wahrscheinlich bei über 40.000. Man muss am Theater auch immer liefern - Theater ist ein Job, Theater ist Business.

Felix J. Mohr: Im Laufe Ihrer Karriere haben Sie schon über 180 Inszenierungen auf die Beine gestellt, von 1985/86 bis heute. Die meisten davon in Dinkelsbühl.

Peter Cahn: Davon bleiben mir drei Dinkelsbühler Inszenierungen ganz besonders in Erinnerung. Das sind „Der Mann von La Mancha", „Der Name der Rose" und „Das Boot". Die drei Inszenierungen haben mir am meisten Spaß gemacht beim Inszenieren und die fand ich persönlich am Eindrucksvollsten.

Felix J. Mohr: Und wie geht es für Sie weiter? Was sind Ihre Pläne nach Ihrer Intendanz?

Peter Cahn: Diese Frage stellen mir viele Menschen. Ich habe jetzt mit Augsburg und Dinkelsbühl seit 29 Jahren immer Pläne gemacht. Das ist das erste Mal, dass ich kaum Pläne mache. Ich will das Leben einmal auf mich zukommen lassen und gucken: Worauf habe ich Lust, was macht mir Freude? Und deswegen habe ich konkret nur zwei Pläne: Einmal steht ein Projekt mit der Band „Fred and the Roaches" über Bob Dylan an und zweitens ein musikalisches Stück mit einem Schauspieler, das ich inszenieren möchte. Das sind zwei kleine Projekte, die aktuell in meinem Kopf rumschwirren.

Felix J. Mohr: Ganz kurz noch zu den Sommerfestspielen 2025. Wie werden die?

Peter Cahn: Die werden ein Kracher! Es wird sehr viel Musik geben und es werden sehr viele Zuschauer kommen. Für mich ist es ein wunderschöner Abschied, der, passend zum Anfang unseres Gesprächs, ganz nach meinem Motto „Theater muss wie Fußball sein!“ geschehen wird: Ich glaube, dass wir viele, viele Leute begeistern werden. Mir ist aber auch durchaus bewusst, dass wir nicht Strindberg oder Shakespeare zeigen. Wir zeigen ein Begeisterungstheater. Ein Theater, das für gute Laune und Unterhaltung sorgt.

Felix J. Mohr: Als abschließende Frage: Was wünschen Sie dem Landestheater Dinkelsbühl für die Zukunft?

Peter Cahn: Ich wünsche mir für das Landestheater tolle und interessante Stücke und viele, viele zufriedene Zuschauerinnen und Zuschauer.

Felix J. Mohr: Vielen Dank für das Gespräch!

Peter Cahn: Ich habe zu danken!

Intendant Peter Cahn freut sich auf den Sommer. Foto: Felix J. Mohr, Landestheater Dinkelsbühl.

Der Spielplan der Sommerfestspiele 2025

Das Beste kommt zum Schluss! Folgende Stücke stehen auf dem Spielplan:

„Meister Eder und sein Pumuckl"

von Ellis Kaut

Ab 4 Jahren

Inhalt:

Erleben Sie eine spannende und amüsante Geschichte für die ganze Familie! „Meister Eder und sein Pumuckl" erzählt von der Begegnung mit dem Anderssein, der Überwindung von Vorurteilen und dem Umgang mit der Realität – ein unvergessliches Theatererlebnis für Groß und Klein. Seien Sie dabei und lassen Sie sich verzaubern!

Seltsame Dinge geschehen in Meister Eders Werkstatt. Und dann taucht plötzlich ein lebendiger Kobold aus dem Nichts auf. Er ist an Meister Eders Leimtopf kleben geblieben und muss nun, ganz nach altem Koboldsgesetz, für immer bei dem Schreiner bleiben. Der gutmütige Meister Eder freut sich zunächst über die lustigen Streiche und die unerwartete Gesellschaft. Doch bald wird der Spaß zur Herausforderung: Die Aufträge stapeln sich, die besorgten Nachbarn sind verwundert über die eigenartigen Selbstgespräche des Schreiners, und als auch noch seine Schwester mit der kleinen Bärbel vor der Tür steht, wird das Chaos perfekt.

Aufführungsrechte: Drei Masken Verlag GmbH, München

Mit: Jan Fritz Meier, Andreas Peteratzinger, Maike Frank, Charlotte Schiffler, Yannik Dirksen

Regie: Jürg Schlachter

Kostüme: Elvira Freind

Musikalische Leitung: Andreas Harwath

Dramaturgie: Felix J. Mohr

Regieassistenz: Knut-Alexander Höhn, Michael Przewodnik

Technische Leitung: Roman Declerq

Bühnenbau: Lutz Stiegel (Leitung), Alfred Karnatjan, Daniel Schwaab

Vorabfoto von „Meister Eder und sein Pumuckl". Foto: Felix J. Mohr, Landestheater Dinkelsbühl.

„Dancing Queen – das große ABBA-Konzert"

Nach der Erfolgsproduktion der Gandersheimer Domfestspiele

Entwickelt von Patricia Martin und Achim Lenz

Premiere: Dienstag, 20.05.2025, 19.30 Uhr

Inhalt:

Seien Sie dabei, wenn die unvergesslichen Klänge von ABBA nach den Erfolgshits „ABBA Hallo!" und „ABBA Klaro!" auf die überdachte Freilichtbühne am Wehrgang zurückkehren!

Nach dem überwältigenden Erfolg bei den Gandersheimer Domfestspielen freuen wir uns, Ihnen einen ganz besonderen Abend präsentieren zu dürfen. Tauchen Sie ein in die faszinierende Welt von ABBA und lassen Sie sich von den schönsten Hits der legendären Band mitreißen.

Genießen Sie nicht nur unvergessliche Melodien wie „Dancing Queen", „Mamma Mia" und „Fernando", sondern erfahren Sie auch spannende Hintergrundgeschichten über Agnetha Fältskog, Björn Ulvaeus, Benny Andersson und Anni-Frid Lyngstad. Ein Abend, der zum Mitsingen einlädt, zum Schwelgen in Erinnerungen und zum Feiern der zeitlosen Musik von ABBA!

Mit: Angela Isabelle Eberlein, Diana Barth, Marcel Kaiser, Jochen Schaible, Claudia Roth, Jan Fritz Meier

Regie: Peter Cahn

Kostüme: Elvira Freind

Choreographie: Melanie Bayer, Peter Cahn

Musikalische Leitung: Andreas Harwath

Dramaturgie: Felix J. Mohr

Regieassistenz: Knut-Alexander Höhn, Michael Przewodnik

Technische Leitung: Roman Declerq

Bühnenbau: Lutz Stiegel (Leitung), Alfred Karnatjan, Daniel Schwaab

Das Team von „Dancing Queen – das große ABBA-Konzert" ist bereits am Probenstart in voller Montur. Foto: Felix J. Mohr, Landestheater Dinkelsbühl.

Szenenfoto von „Dancing Queen – das große ABBA-Konzert". Foto: Hans von Draminski, Landestheater Dinkelsbühl.

„Ladies Night“

Komödie von Stephen Sinclair und Anthony McCarten

Deutsch von Annette und Knut Lehmann

In einer Fassuung von Frank Piotraschke

Premiere: Dienstag, 27.05.2025, 19.30 Uhr

Inhalt:

Mit viel Humor zeigt die Komödie, wie ein gemeinsames Ziel neue Kräfte und ungeahnte Möglichkeiten wecken kann.

Arbeitslosigkeit, Schulden und ein chaotisches Privatleben prägen das Leben ehemaliger Stahlarbeiter in der englischen Industriestadt Sheffield. Als die Chippendales, eine Männerstripshow, vor begeistertem Publikum in der Stadt gastieren, hat der arbeitslose Gary eine Idee. In der Hoffnung auf eine bessere Zukunft stellt er seine eigene Striptease-Gruppe zusammen. Und so beginnen die sechs Männer mit den Vorbereitungen. Sie trainieren, üben zu strippen und zu tanzen – heimlich natürlich, denn schließlich soll die eigene Familie nichts von den Vorbereitungen bemerken. Doch je näher der angekündigte Auftritt rückt, desto mehr steigt die Nervosität. Werden sie es durchziehen?

Aufführungsrechte: Hartmann & Stauffacher Verlag, Köln

Mit: Andreas Peteratzinger, Emil Cahn, Yannik Dirksen, Jan Fritz Meier, Marcel Kaiser, Mario Rolf Brutschin, Maike Frank, Knut Fleischmann, Charlotte Schiffler

Regie: René Oltmanns

Kostüme: Gesa Gröning

Choreographie: Melanie Bayer

Musikalische Leitung: Andreas Harwath

Dramaturgie: Felix J. Mohr

Regieassistenz: Claudia Roth, Laura König, Michael Przewodnik

Technische Leitung: Roman Declerq

Bühnenbau: Lutz Stiegel (Leitung), Alfred Karnatjan, Daniel Schwaab

Probenstart-Foto von „Ladies Night" (Regie: René Oltmanns) mit den Beteiligten. Foto: Felix J. Mohr, Landestheater Dinkelsbühl.

„Beatles an Bord“

Ein Comedycal von Enrique Keil

Premiere: Dienstag, 03.06.2025, 19.30 Uhr

Inhalt:

Willkommen an Bord! Legen Sie den Sicherheitsgurt an und seien Sie gespannt auf einen lustigen und turbulenten Abend, der sicherlich wie im Flug vergehen wird.

Steigen Sie ein, machen Sie es sich bequem und wundern Sie sich bestenfalls über nichts. Denn auf dem Flug der Airline Jetbaguette von Stuttgart nach Paris geht so ziemlich alles schief, was schiefgehen kann: Der Pilot ist betrunken, das Essen an Bord geht aus, der Kapitän schlägt eine falsche Flugroute ein, und als auch noch ein Triebwerk ausfällt, steht einer Notwasserung nichts mehr im Wege.

Doch keine Sorge: Sie werden als Fluggast fast nichts von den Komplikationen bemerken! Denn die drei französischen Flugbegleiterinnen Babette, Jeanette und Raclette haben die Lage voll im Griff. Mit einem ausgefeilten Unterhaltungsprogramm lenken sie die Passagiere von den zahlreichen Pannen ab. Ob „Let It Be“ im Salsa-Rhythmus, „Help!“ im Stil einer Opernarie oder „All You Need Is Love“ als Reggae - alle Beatles-Songs, die während des Fluges von den Stewardessen dargeboten werden, erhalten durch ihre neuen Arrangements eine ganz besondere Note.

Aufführungsrechte: Vertriebsstelle und Verlag Deutscher Bühnenschriftsteller und Bühnenkomponisten GmbH, 22844 Norderstedt

Mit: Diana Barth, Angela Isbaelle Eberlein, Claudia Roth

Regie: Peter Cahn

Kostüme: Elvira Freind

Choreographie: Melanie Bayer, Peter Cahn

Musikalische Leitung: Andreas Harwath

Dramaturgie: Felix J. Mohr

Regieassistenz: Marcel Kaiser, Knut-Alexander Höhn, Michael Przewodnik

Technische Leitung: Roman Declerq

Bühnenbau: Lutz Stiegel (Leitung), Alfred Karnatjan, Daniel Schwaab

Übertönen die Pannen im Flugzeug mit „Beatles"-Songs (v. l. n. r.): Die Stewardessen Babette (Diana Barth), Raclette (Claudia Roth) und Jeanette (Angela Isabelle Eberlein). Foto: Felix J. Mohr, Landestheater Dinkelsbühl.

„UDO! – Im Bademantel um die Welt"

Musikrevue von Felix J. Mohr

Uraufführung

Premiere: Sonntag, 13.07.2025, 19.30 Uhr

Inhalt:

Schlager ahoi! Das Publikum erwartet ein schwungvoller Wellenritt voller musikalischer Höhepunkte! Udo Jürgens' unvergessliche Hits wechseln sich ab mit bekannten Songs von Udo Lindenberg, Andrea Berg, Marianne Rosenberg und vielen weiteren Musiklegenden. Wer wohnt im ehrenwerten Haus? Fängt mit 66 Jahren das Leben erst so richtig an? Und kann man ein Herz noch reparieren? Fragen über Fragen und die Antwort gibt nur UDO!

Feiern Sie mit uns und genießen Sie einen Partyspaß allererster Sahne – gute Laune garantiert!

Udo ist Cover-Sänger an Bord des Kreuzfahrtschiffs MS Albatros und kennt in seinem Leben nur ein Ziel: Endlich berühmt zu werden und damit seinem großen Idol Udo Jürgens nachzueifern. Eines Abends begegnet er der lebensfrohen Barkeeperin Anita und beschließt, mit ihr gemeinsam die sieben Weltmeere und ferne Länder zu bereisen – den weißen Bademantel hat er dabei natürlich stets mit im Gepäck. Doch als sein großer Durchbruch schließlich kommt, steht Udo schon bald vor einer Herzensentscheidung. Was wiegt stärker: Die eigene Karriere oder die Liebe zu Anita?

Aufführungsrechte bei Felix J. Mohr

Mit: Jochen Schaible, Claudia Roth

Regie: Peter Cahn

Kostüme: Elvira Freind

Choreographie: Peter Cahn

Musikalische Leitung: Andreas Harwath

Dramaturgie: Felix J. Mohr

Regieassistenz: Laura König, Michael Przewodnik

Technische Leitung: Roman Declerq

Bühnenbau: Lutz Stiegel (Leitung), Alfred Karnatjan, Daniel Schwaab

Das Publikum darf sich auf eine rasante Kreuzfahrt der Gefühle freuen: Jochen Schaible spielt Udo, Claudia Roth seine große Liebe Anita. Foto: Felix J. Mohr, Landestheater Dinkelsbühl.

Zusatzprogramm:

„Altweiberfrühling“ (Aufführung des Seniorenclubs)

Eine Komödie in neuen Bildern

von Stefan Vögel

Nach dem Drehbuch des Films „Die Herbstzeitlosen“ von Sabine Pochhammer & Bettina Oberli

Veranstaltung: Montag, 12.05.2025, 19.30 Uhr

Mit: Christa Becker-Hauf, Stefan Meinert, Karin Treu, Ruth Zinnecker-Hammerich, Henning Boes, Luisa Hammerich, Petra Schabka

Regie: Margarit Ziellenbach

Regieassistenz: Ruth Klapötke

Urban Priol: „Im Fluss. Täglich quellfrisch, immer aktuell!“

Veranstaltung: Montag, 28.07.2025, 19.30 Uhr

Wolfgang Krebs: „BAVARIA FIRST!“

Veranstaltung: Montag, 28.07.2025, 19.30 Uhr

„Lieder und Lacher“ mit Jochen Schaible und Christoph Maul

Veranstaltungen: Montag, 18.08.2025, 19.30 Uhr und Montag, 25.08.2025, 19.30 Uhr

Kapitel 4: Die Mannschaft - Das aktuelle Team

Theater ist Teamwork!

Die aktuelle Theater-„Mannschaft“ besteht aus:

Intendanz: Peter Cahn

Dramaturgie & Presse: Felix J. Mohr, Miriam Locher (in Elternzeit)

Disposition: Juliane Abt

Regie: Peter Cahn, Juliane Abt, Knut-Alexander Höhn, Jürg Schlachter*, René Oltmanns*

Kostüme: Elvira Freind*, Gesa Gröning*, Heidi Armbrüster, Katherina Koslow

Musik: Andreas Harwath

Theaterpädagogik: Margarit Ziellenbach

Choreographie: Melanie Bayer*, Peter Cahn

Technische Leitung: Roman Declercq

Technik: Lutz Stiegel (Werkstattleitung), Alfred Karnatjan, Daniel Schwaab

Regieassistenz: Knut-Alexander Höhn, Michael Przewodnik*, Laura König*, Claudia Roth*, Marcel Kaiser*

Theaterfotograf: Hans von Draminski*

Theaterarzt: Dr. Klaus Zwicker

Rechtsbeistand: Isabell Oertel

Verwaltung: Susanne Grüner (Verwaltungsleiterin), Tanja Hofecker, Anja Lechler, Doris Färber, Christiane Fuchs, Paul Greiner

Kartenvorverkauf: Alexandra Huber, Sabine Kästle

Abendkasse: Doris Färber, Stefanie Kloos, Carina Bauer, Selina Hammer, Bettina Hillenmeier

Schauspiel (Festensemble): Maike Frank, Jan Fritz Meier, Yannik Dirksen, Charlotte Schiffler, Andreas Peteratzinger

Schauspiel (Gäste): Claudia Roth*, Marcel Kaiser*, Jochen Schaible*, Knut Fleischmann*, Mario Rolf Brutschin*, Emil Cahn*, Angela Isabelle Eberlein*, Diana Barth*

Gäste sind mit * markiert.

Anhang: Die Inszenierungen des Landestheaters von 2001-2025

Jahr	Stücktitel	Autor/en	Regie
2001	Der Mann von La Mancha	D. Wasserman/J. Darion/ M. Leigh	Peter Cahn
2001	Eine Woche voller Samstage	Paul Maar	Peter Cahn
2001/02	Offene Zweierbeziehung	Franca Rame/Dario Fo	Peter Cahn
2001/02	Rote Lippen soll man küssen (UA)	Peter Bommas	Peter Cahn
2001/02	Romeo & Julia oder Shakespeare in Love	William Shakespeare	Peter Cahn
2001/02	Shakespeares sämtliche Werke leicht gekürzt	A. Long/D. Singer/J. Winfield	Peter Cahn
2001/02	Klassenfeind (JC)	Nigel Williams	Karen Schultze
2001/02	Amphitryon	Heinrich v. Kleist	Lars Helmer
2002	Comedian Harmonists	Jonek Ziellenbach	Peter Cahn
2002	Rote Lippen soll man küssen (WA)	Peter Bommas	Peter Cahn
2002	Jim Knopf und Lukas der Lokomotivführer	Michael Ende	Peter Cahn
2002/03	Gretchen 89 FF	Lutz Hübner	Peter Cahn
2002/03	Kabale und Liebe	Friedrich Schiller	Peter Cahn
2002/03	Amadeus	Peter Shaffer	Peter Cahn
2002/03	Ein Sommernachtstraum	William Shakespeare	Lars Helmer
2002/03	Gefährliche Liebschaften	Christopher Hampton	Peter Cahn
2002/03	Farm der Tiere (JC)	George Orwell	Peter Cahn
2003	Der Name der Rose	Umberto Eco	Peter Cahn

Jahr	Stücktitel	Autor/en	Regie
2003	Rote Lippen soll man küssen (WA)	Peter Bommas	Peter Cahn
2003	Comedian Harmonists (WA)	Jonek Ziellenbach	Peter Cahn
2003	Ronja Räubertochter	Astrid Lindgren	Karen Schulz
2003/04	Ohne Krimi geht die Mimi nie ins Bett (UA)	Frank Piotraschke	Peter Cahn
2003/04	Eine Mittersommernachts-Sexkomödie	Woody Allen	n.n.
2003/04	Karl-Valentin-Abend	n.n.	n.n.
2003/04	Neue Punkte für das Sams	Paul Maar	Volker Metzger
2003/ 04	Die lustigen Weiber von Windsor	William Shakespeare	Peter Cahn
2003/04	Zurück zum Happy End	Frank Pinkus	Volker Metzger
2003/04	Das geheime Tagebuch des Adrian Mole 13 ¾	Sue Townsend	Karen Schultze
2004	Cyrano de Bergerac	nach Edmond Rostand	Peter Cahn
2004	Pettersson, Findus und der Hahn	Sven Nordqvist	Jürg Schlachter
2004/05	Der Kontrabass	Patrick Süskind	Peter Cahn
2004/05	Endstation Sehnsucht	Tennessee Williams	Peter Cahn
2004/05	Dinner For One – Wie alles begann	Volker Heymann	Karen Schultze
2004/05	Der Widerspenstigen Zähmung	William Shakespeare	Luisa Brandsdörfer
2004/05	Sonny Boys	Neil Simon	Peter Cahn
2004/05	Die Weiße Rose (JC)	Jutta Schubert	Karen Schultze

Jahr	Stücktitel	Autor/en	Regie
2005	Arsen und Spitzenhäubchen (Arsenic and Old Lace)	Joseph Kesselring	Peter Cahn
2005	Dracula (UA)	Frank Piotraschke	Peter Cahn
2005	Das kleine Gespenst	Ottfried Preußler	Jürg Schlachter
2005/06	Loriots Dramatische Werke	n.n.	Peter Cahn
2005/06	Tod eines Handlungsreisenden	Arthur Miller	Peter Cahn
2005/06	Der kleine Prinz	Antoine de Saint-Exupéry	Karen Schultze
2005/06	Der satanarchäolügenialko-höllische Wunschpunsch	Michael Ende	Peter Cahn
2005/06	Der eingebildete Kranke	Molière	Luisa Brandhöfer
2005/06	Es war die Lerche	Ephraim Kishon	Frank Piotraschke
2005/06	Komiker	Travor Griffiths	Karen Schultze
2006	Anatevka	Jerry Bock	Peter Cahn
2006	Sugar – Manche mögen's heiß	Peter Stone	Peter Cahn
2006	Der Räuber Hotzenplotz	Otfried Preußler	Peter Cahn
2006/ 07	Otello darf nicht platzen	Ken Ludwig	Peter Cahn
2006/ 07	Hossa oder als Robert Lembke nicht kam	Dirk Böhling	Peter Cahn
2006/ 07	Pygmalion	Bernhard Shaw	Inga Helfrich
2006/ 07	Heute Abend: Lola Blau	Georg Kreisler	Peter Cahn
2006/ 07	Woyzeck	Georg Büchner	Peter Cahn
2007	Don Camillo und Peppone	Gerold Theobald	Peter Cahn
2007	Der Hauptmann von Köpenick	Carl Zuckermayer	Luisa Brandsdörfer

Jahr	Stücktitel	Autor/en	Regie
2007	Pippi in Taka-Tuka-Land	Astrid Lindgren	Jürg Schlachter
2007	Sofies Welt	Jostein Gaarder	Karen Schultze
2007/ 08	Heute Weder Hamlet	Rainer Lewandowski	Peter Cahn
2007/ 08	Der Tag, an dem der Papst gekidnappt wurde	Joao Bethencourt	Peter Cahn
2007/ 08	Harold und Maude	Colin Higgins	Peter Cahn
2007/ 08	Wer hat Angst vor Virginia Woolf	Edward Albee	Frank Piotraschke
2007/ 08	Oh, wie schön ist Panama	Janosch	Peter Cahn
2008	Cabaret	Joe Masterhoff	Peter Cahn
2008	Tod auf dem Nil	Agatha Christie	Peter Cahn
2008	Ladies Night	S. Sinclair/A. McCarten	Peter Cahn
2008	Ein Freund, ein guter Freund	Frank Piotraschke	Peter Cahn
2008	Meister Eder und sein Pumuckl	Ellis Kaut	Jürg Schlachter
2008/09	Indien	Josef Hader/Alfred Dorfer	Peter Cahn
2008/09	Komödie im Dunkeln	Peter Shaffer	Peter Cahn
2008/09	Der zerbrochene Krug	Heinrich von Kleist	Frank Piotraschke
2008/09	Bezahlt wird nicht!	Dario Fo	Tanja Kunze
2008/09	Die Kuh Rosmarie	Andri Beyeler	Peter Cahn
2008/09	Kunst	Yasmina Reza	Peter Cahn
2009	Ein Käfig voller Narren	J. Herman/ H. Fierstein	Peter Cahn
2009	Der Hexer	Edgar Wallace	Frank Piotraschke
2009/10	Runter zum Fluss	Frank Pinkus	Peter Cahn
2009/10	Pension Schöller	W. Jacoby/ C. Laufs	Peter Cahn
2009/10	Der Theatermacher	Thomas Bernhard	Peter Cahn
2009/10	Drei mal Leben	Yasmina Reza	Iris Spaeing

Jahr	Stücktitel	Autor/en	Regie
2009/10	Die kahle Sängerin	Eugéne Ionesco	Frank Piotraschke
2009/10	Die Abenteuer von Pettersson und Findus	Sven Nordqvist	Peter Cahn
2010	Hair	G. MacDermot/G. Ragni/J. Rado	Peter Cahn
2010	Die Feuerzangenbowle	Heinrich Spoerl	Peter Cahn
2010	Beatles an Bord	Enrique Keil	Peter Cahn
2010	Das Dschungelbuch	M. Weber (nach R. Kipling)	Peter Cahn
2010/11	Traumfrau verzweifelt gesucht	Tony Dunham	Boris Wagner
2010/11	Der Geizige	Molière	Markus Majowski
2010/11	Fräulein Smillas Gespür für Schnee	Peter Høeg	Peter Cahn
2010/11	Und ewig rauschen die Gelder	Michael Cooney	Peter Cahn
2010/11	Die Glasmenagerie	Tennessee Williams	Frank Poitraschke
2010/11	Ox & Esel	Norbert Ebel	Stefan Haufe
2011	Das Wirtshaus im Spessart	Frank Piotraschke	Peter Cahn
2011	The Rocky Horror Show	Richard O´Brien	Peter Cahn
2011	Die Feuerzangenbowle (WA)	Heinrich Spoerl	Peter Cahn
2011	Jim Knopf und die Wilde 13	Michael Ende	Jürg Schlachter
2011/12	Die Eule und das Kätzchen	Wilton Manhoff	Peter Cahn
2011/12	Boeing Boeing	Marc Camoletti	Peter Cahn
2011/12	Die Abenteuer des braven Soldaten Schwejk	Stanislav Mosa	Frank Piotraschke

Jahr	Stücktitel	Autor/en	Regie
2011/12	Sechs Tanzstunden in sechs Wochen	Richard Alfieri	Stefan Haufe
2011/12	Effi Briest	Theodor Fontane	Boris Wagner
2011/12	Der Froschkönig	S. Czepl/J. Schlachter	Oliver Eisenmenger
2012	Im weißen Rössl	Ralf Benatzky	Frank Piotraschke
2012	Charleys Tante	Frank Piotraschke (nach B. Thomas)	Peter Cahn
2012	Elvis – The King is back (UA)	Frank Piotraschke	Peter Cahn
2012	Die kleine Hexe	Otfried Preußler	Jürg Schlachter
2012/13	Kleine Eheverbrechen	Éric-Emmanuel Schmitt	Boris Wagner
2012/13	Harry & Sally	Nora Ephron	Peter Cahn
2012/13	Der nackte Wahnsinn	Michael Frayn	Peter Cahn
2012/13	Leonce & Lena	Georg Büchner	Philipp Jescheck
2012/13	That's Amore	Frank Piotraschke	Frank Piotraschke
2012/13	Das Traumfresserchen	Jürg Schlachter	Margarit Ziellenbach
2012/13	Ab heute heißt du Sara (JC)	V. Ludwig/D. Michel	Margarit Ziellenbach
2013	The Blues Brothers	John Landis	Peter Cahn
2013	Die Drei von der Tankstelle	F. Schulz/P. Frank	Peter Cahn
2013	Eine Woche voller Samstage	Paul Maar	Peter Cahn
2013/14	Für mich solls rote Rosen regnen	James Lyons	Frank Piotraschke
2013/14	Ein Herz und eine Seele	Wolfgang Menge	Peter Cahn
2013/14	Der Vorname	M. Delaporte/A. de la Patellière	Birgit Bagdan
2013/14	Mondlicht und Magnolien	Ron Hutchinson	Frank Piotraschke

Jahr	Stücktitel	Autor/en	Regie
2013/14	La Strada – Das Lied der Straße	Gerold Theobald	Frank Piotraschke
2013/14	Nils Holgersson	Selma Lagerlöf	Peter Cahn
2014	Die Dreigroschenoper	Bertold Brecht	Peter Cahn
2014	Kohlhiesels Töchter	Hanns Kräly	Peter Cahn
2014	ABBA Hallo!	Markus Beisel	Peter Cahn
2014	Die Bremer Stadtmusikanten	Gunnar Kunz	Peter Cahn
2014/15	Marlene Piaf	Edzard Schoppmann	Jens Heuwinkel
2014/15	Die 39 Stufen	John Buchan	Jens Heuwinkel
2014/15	Der Steppenwolf	Herrmann Hesse	Peter Cahn
2014/15	Männerhort	Kristof Magnusson	Frank Piotraschke
2014/15	Männer und andere Irrtümer	M. Bernier/ M. Osterieth	Mandy Röhr
2014/15	Tiger und Bär	Alexander Kratzer	Margarit Ziellenbach
2015	Jesus Christ Superstar	Tim Rice	Peter Cahn
2015	Don Camillo und seine Herde	Gerold Theobald	Peter Cahn
2015	Ganze Kerle	Kerry Renard	Peter Cahn
2015	ABBA Hallo! (WA)	Markus Beisel	Peter Cahn
2015	Pippi Langstrumpf	Astrid Lindgren	Stefan Ey
2015/16	Die Tagebücher von Adam und Eva	Mark Twain	Urs Alexander Schleiff
2015/16	Der Gott des Gemetzels	Yasmina Reza	Johannes Lang
2015/16	Außer Kontrolle	Ray Cooney	Peter Cahn
2015/16	Die Leiden des jungen Werther	Johann W. v. Goethe	Jens Heuwinkel

Jahr	Stücktitel	Autor/en	Regie
2015/16	Novecento	Alessandro Barrico	Frank Piotraschke
2015/16	Die Schneekönigin	Christian Andersen	Margarit Ziellenbach
2015/16	Der Club der toten Dichter (JC)	Nancy H. Kleinbaum	Margarit Ziellenbach
2016	Die Comedian Harmonists	Franz Wittenbrink	Peter Cahn
2016	Here we are! The Andrews Sisters	Andy Hallwaxx	Peter Cahn
2016	Der kleine Horrorladen	Ashman/ Menken	Urs Alexander Schleiff
2016	Ronja Räubertochter	Astrid Lindgren	Jürg Schlachter
2016/17	Gut gegen Nordwind	Daniel Glattauer	Urs Alexander Schleiff
2016/17	Zwei wie Bonnie und Clyde	Sabine Misiorny	Peter Cahn
2016/17	Die Nervensäge	Francis Veber	Stefan Haufe
2016/17	Bekenntnisse des Hochstaplers Felix Krull	Thomas Mann	Jürg Schlachter
2016/17	Frau Müller muss weg	Lutz Hübner	Johannes Lang
2016/17	Frohe Weihnachten, kleiner Eisbär	Hans de Beer	Margarit Ziellenbach
2016/17	Viel Lärm um nichts (JC)	William Shakespeare	Margarit Ziellenbach
2017	Ein Fall für Pater Brown	F. Battermann/ J. Bodinus	Peter Cahn
2017	Ziemlich beste Freunde	Gunnar Dreßler	Frank Piotraschke
2017	Petticoat und Minirock	H. Bultmann/ Klaus-Peter Nigey	Peter Cahn
2017	Der gestiefelte Kater	J. Schlachter (nach den Gebr. Grimm)	Jürg Schlachter
2017/18	Marylin Monroes letztes Band	Bern Steets	Mandy Röhr
2017/18	Eine glückliche Scheidung	Nick Hall	Reiyk Bergemann

Jahr	Stücktitel	Autor/en	Regie
2017/18	Manitu drückt ein Auge zu	W. Neruda/ C. Rieken	Peter Cahn
2017/18	Schillers sämtliche Werke… leicht gekürzt	Michael Ehnert	Jürg Schlachter
2017/18	Angst essen Seelen auf	Rainer W. Fassbinder	Johannes Lang
2017/18	Arielle, die kleine Meerjungfrau	Hans Christian Andersen	Margarit Ziellenbach
2017/18	Das Dschungelbuch	Projekt Grundschule	Margarit Ziellenbach
2017/18	Die Seniorenklappe (SC)	Bern Spehling	Margarit Ziellenbach
2018	Und es war Sommer	Hilke Bultmann	Peter Cahn
2018	The Kings Speech	David Seidler	Peter Cahn
2018	Das Boot	Lothar-Günther Buchheim	Peter Cahn
2018	Aladdin	B. Thelen/ H. Thelen	Jürg Schlachter
2018/19	Die Sternstunde des Joseph Bieder	Bernd Steets	Urs Alexander Schleiff
2018/19	Taxi, Taxi	Ray Cooney	Peter Cahn
2018/19	Suche impotenten Mann fürs Leben	Gaby Hauptmann	Mandy Röhr
2018/19	Wer hat Angst vorm weißen Mann	Dominique Lorenz	Jürg Schlachter
2018/19	Das Abschiedsdinner	M. Delaporte/A. de la Patellière	Johannes Lang
2018/19	Pettersson kriegt Weihnachtsbesuch	Sven Nordqvist	Margarit Ziellenbach
2018/19	Paartherapie to go (SC)	n.n.	Margarit Ziellenbach
2018/19	Born to wild, 68? War da was?	Peter Cahn	Peter Cahn

Jahr	Stücktitel	Autor/en	Regie
2019	Sommer, Sonne, 79 (UA)	Jürg Schlachter	Peter Cahn
2019	Willkommen bei den Hartmanns	Simon Verhoeven	Peter Cahn
2019	Honig im Kopf	Florian Battermann	Axel Weidemann
2019	Der kleine Ritter Trenk	Kirsten Boie	Jürg Schlachter
2019/20	Piaf – Süchtig nach Liebe	S. Meli/ W. Wittig	Vincent Kraupner
2019/20	Rain Man	Dan Gordon	Peter Cahn
2019/20	Mein Freund Harvey	Mary Chase	Peter Cahn
2019/20	Er ist wieder da	Timur Vermes	Jürg Schlachter
2019/20	Bella Figura	Yasmina Reza	Johannes Lang
2019/20	Ein Schaf fürs Leben	Maritgen Matter	Friederike Förster
2020	Pension Schöller	W. Jacoby/ C. Laufs	Peter Cahn
2020	Der kleine Vampir – das Musical	A. Sommer-Bodenburg	Jürg Schlachter
2020/21	Macho Man	Moritz Netenjakob	Peter Cahn
2020/21	Wenn du geredet hättest, Desdemona	Christine Brückner	Margarit Ziellenbach
2020/21	Clown in der Klemme	Heinz W. Kraehkamp	Peter Cahn
2021	Frühschicht bei Tiffany	Kerry Renard	Friederike Förster
2021	Allein in der Sauna	Frank Pinkus	Peter Cahn
2021	Macho Man (WA)	Moritz Netenjakob	Peter Cahn
2021	Clown in der Klemme (WA)	Heinz W. Kraehkamp	Peter Cahn
2021/22	Der Mönch mit der Klatsche	Stefan Keim	Peter Cahn
2021/22	Der Weibsteufel	Karl Schönherr	Peter Cahn
2021/22	Der dressierte Mann	John von Düffel	Axel Weidemann
2021/22	Das Lächeln der Frauen	Nicolas Barreau	Peter Cahn
2021/22	Pinocchio	Carlo Collodi	Gianna Formicone

Jahr	Stücktitel	Autor/en	Regie
2022	Ich will Spaß oder wo bitte ist die Fernbedienung?	Dirk Böhling	Peter Cahn
2022	Monsieur Claude und seine Töchter	P. de Chauveron/G. Laurent	Axel Weidemann
2022	Musical Gala	n.n.	Marco Wiskandt
2022	Robin Hood	John von Düffel	Jürg Schlachter
2022/23	Monsieur Ibrahim und die Blumen des Koran	Éric-Emmanuel Schmidt	Peter Cahn
2022/23	Funny Money - Geld stinkt nicht	Ray Cooney	Peter Cahn
2022/23	Hamlet for you	Sebastian Seidel	Miriam Locher
2022/23	Die Niere	Stefan Vögel	Tom von der Isar
2022/23	fast Faust	Albert Frank	Peter Cahn
2022/23	Das tapfere Schneiderlein	R. Protiwensky-Schenk	Gianna Formicone
2023	Komm' gib mir deine Hand	Hilke Bultmann	Peter Cahn
2023	Abba Klaro!	Oliver Geilhardt	Peter Cahn
2023	Landeier- Bauern suchen Frauen	Frederik Holtkamp	Miriam Locher
2023	Der Zauberer von Oz	L. Frank Baum	Jürg Schlachter
2023/24	Eine Sommernacht	D. Greig/G. McIntyre	Margarit Ziellenbach
2023/24	Gemischtes Doppel	A. Besse/D. Besse	Peter Cahn
2023/24	Ein König zu viel	Gertrud Pigor	Juliane Abt
2023/24	Top Dogs	Urs Widmer	Peter Cahn
2023/24	Extrawurst	D. Jacobs/M. Netenjakob	Juliane Abt
2023/24	Momo (SC)	Michael Ende	Margarit Ziellenbach
2024	Skandal im Sperrbezirk (UA)	Kerstin Kreft	Peter Cahn

Jahr	Stücktitel	Autor/en	Regie
2024	Arsen und Spitzenhäubchen (Arsenic and Old Lace)	Joseph Kesselring	Peter Cahn
2024	Die Biene Maja	Jan Bodinus	Jürg Schlachter
2024	Brandheiß – Gelöscht wird später	Jette Findeisen	René Oltmanns
2024/25	Die Wunderübung	Daniel Glattauer	Peter Cahn
2024/25	Nein zum Geld!	Flavia Coste	Juliane Abt
2024/25	Zwerg Nase	Gunnar Kunz	Knut-Alexander Höhn
2024/25	Wie angelt man sich einen Feministen?	Samantha Ellis	Axel Weidemann
2024/25	Das perfekte Geheimnis	Paolo Genovese	Peter Cahn
2024/25	Name: Sophie Scholl	Rike Reiniger	Knut-Alexander Höhn
2024/25	Altweiberfrühling (SC)	Stefan Vögel	Margarit Ziellenbach
2025	Meister Eder und sein Pumuckl	Ellis Kaut	Jürg Schlachter
2025	Dancing Queen - das große ABBA-Konzert	P. Martin/A. Lenz	Peter Cahn
2025	Ladies Night	S. Sinclair/A. McCarten	René Oltmanns
2025	Beatles an Bord	Enrique Keil	Peter Cahn
2025	UDO! – Im Bademantel um die Welt (UA)	Felix J. Mohr	Peter Cahn

Legende:

UA = Uraufführung

WA = Wiederaufnahme

JC = Jugendtheaterclub

SC = Seniorentheaterclub

Schlusswort und Danksagung

Über 24 Jahre hat Intendant Peter Cahn das Theater in Dinkelsbühl geprägt. Dieses Buch haben wir ihm zu Ehren verfasst. Natürlich ist uns bewusst, dass wir die Ereignisse, die Veranstaltungen und Errungenschaften dieser Zeit aus einer recht einschlägigen Perspektive geschrieben haben. Als enge Mitarbeiter von Peter Cahn, die seine langjährige Erfahrung und seine Führung schätzen. Aber dennoch waren wir darin bestrebt, möglichst sachlich bei allem zu bleiben. Naja, der Wille zählt...

Dieses Buch ist jedoch mehr als eine Biografie einer herausragenden Persönlichkeit. Es ist vielmehr auch ein Buch über alle, die in dieser Zeit am Dinkelsbühler Theater aktiv waren, es mitgestaltet haben – sei es auf, vor oder hinter der Bühne. Wir konnten dabei nur einige der Persönlichkeiten hervorheben, die das Landestheater zu dem gemacht haben, was es heute ist.

Nach 24 Jahren wird Peter Cahn nun ab September 2025 in den mehr als verdienten Ruhestand gehen. Seine Arbeit am Landestheater und darüber hinaus wird unvergessen bleiben. Und das Theatermachen wird ihn bestimmt nicht so schnell loslassen...

Ohne die Förderung durch die Sparkasse Ansbach und die VR Bank im südlichen Franken eG wäre die Realisierung dieses Buches nicht möglich gewesen. Wir möchten uns daher herzlich für das Vetrauen und die finanzielle Unterstützung bedanken.

Wir bedanken uns bei allen Co-Autorinnen und Co-Autoren, die sich an diesem Buch beteiligt haben. Im Einzelnen sind das Thomas Wirth, Klaus Seeger, Maike Frank, Margarit Ziellenbach, Elvira Freind, Jürg Schlachter, Andreas Harwath, Johannes Kaetzler und Hans von Draminski. Wir bedanken uns bei Oberbürgermeister Dr. Christoph Hammer für das Verfassen des Vorworts zu diesem Buch. Danke an Hans von Draminski, dass wir seine Bilder abdrucken dürfen. Herzlichen Dank an die Herausgeber der Fränkischen Landeszeitung und an die Chefredakteurin Gudrun Bayer für die Möglichkeit, einige Zeitungsartikel hier abdrucken zu dürfen. Ein besonderer Dank gilt der Stadtarchivarin Franziska Rothamel, die uns bei der Recherche und Sammlung von Materialien unterstützt und zahlreiche Scans für uns erstellt hat.

Zuletzt möchten wir Intendant Peter Cahn, unserem Chef, danken. Einfach nur mal so.

Felix J. Mohr & Juliane Abt, Anfang Mai 2025

Das Team (v. l. n. r.): Dramaturg und Pressereferent Felix J. Mohr, Intendant Peter Cahn und Disponentin und Regisseurin Juliane Abt. Foto: Knut-Alexander Höhn, Landestheater Dinkelsbühl.

Über die Autoren

Felix J. Mohr, geboren 1996 in Buchholz i. d. Nordheide, studierte Kulturwissenschaften, Musical-Schauspiel und Theaterwissenschaften in Hildesheim, Málaga und Berlin. Erste eigene Theaterstücke und Regie-Arbeiten entstanden schon im Studium, unter anderem die Kriminalkomödie „Wassermelonen für Napoleon“. Seine Kriminalkomödie „Zur dicken Wachtel oder Wie man Männer mordet“ wird seit 2021 erfolgreich an verschiedenen Theaterhäusern in Deutschland und Österreich aufgeführt. 2022 schrieb er für das Wolfgang Borchert Theater den Präventionskrimi „Leg einfach auf!“. Von November 2023 bis August 2025 ist er Dramaturg und Pressereferent am Landestheater Dinkelsbühl. Im Juli 2025 wird seine Musikrevue „UDO! - Im Bademantel um die Welt“ am Landestheater uraufgeführt.

Juliane Abt, geboren und aufgewachsen im Erzgebirge, entdeckte bereits mit 3 Jahren ihre Liebe zum Theater. Schon als Kind stand sie auf den Brettern, die die Welt bedeuten. Nach dem Abitur studierte sie an der Universität Leipzig Theaterwissenschaft und Journalistik. Es folgte ein kurzer Abstecher zum MDR-Hörfunk, bevor sie als Regieassistenz am Eduard-von-Winterstein-Theater in Annaberg-Buchholz engagiert wurde. Neben der Regieassistenz setzte sie hier erste eigene Projekte um. Nach zwei Spielzeiten wechselte sie an die Schleswig-Holsteinische Landesbühne, wo erste eigene Regiearbeiten entstanden. Es folgten Stationen am Hofer Theater, Theater Dortmund und dem Grillo-Theater in Essen. Seit September 2022 ist Juliane Abt als Disponentin am Dinkelsbühler Landestheater engagiert. Neben ihrer Tätigkeit als Disponentin ist sie für verschiedene Regiearbeiten zuständig. In der Spielzeit 2023/24 wurde sie mit dem Theaterpreis des Theater- und Kulturrings der Stadt Dinkelsbühl ausgezeichnet. In der Winterspielzeit 2023/24 inszenierte sie „Ein König zu viel“ und „Extrawurst“, in der Winterspielzeit 2024/25 führte sie Regie bei „Nein zum Geld!“.